亲子沟通密码

培养高情商的孩子就这么简单

Liliane（邹璐）◎著

人民邮电出版社

北　京

图书在版编目（CIP）数据

亲子沟通密码：培养高情商的孩子就这么简单 / 邹璐著. -- 北京：人民邮电出版社，2019.9
ISBN 978-7-115-51643-5

Ⅰ. ①亲… Ⅱ. ①邹… Ⅲ. ①情商－儿童教育－家庭教育 Ⅳ. ①G782

中国版本图书馆CIP数据核字(2019)第141292号

◆ 著　　　Liliane（邹璐）
责任编辑　马雪伶
责任印制　马振武

◆ 人民邮电出版社出版发行　北京市丰台区成寿寺路11号
邮编　100164　电子邮件　315@ptpress.com.cn
网址　http://www.ptpress.com.cn
三河市君旺印务有限公司印刷

◆ 开本：880×1230　1/32
印张：10.5　　　　　　　2019年9月第1版
字数：173千字　　　　　2025年2月河北第16次印刷

定价：49.00元

读者服务热线：(010)81055410　印装质量热线：(010)81055316
反盗版热线：(010)81055315

内容提要

沟通并不等于说话，有时沟通是与听不到的声音进行对话。

沟通是激发孩子内在强大的自省力和抗挫力，引导孩子自发改变的有效方法，也能很好地帮助父母即使是在孩子犯错或者遭遇挫折时，依旧可以为自己和孩子赋能。

如何才能够达成这样的沟通呢？如何与孩子彼此尊重、合作，一起保持善良和真诚，乐观勇敢地面对未来的生活？

本书作者以丹尼尔·戈尔曼的情商理论和马歇尔·卢森堡的非暴力沟通学为基础，结合自身多年在心理学、教育学的研究成果以及国际协作和商务谈判中的工作经验，提炼出亲子沟通中的七个关键"密码"，并在数千家庭进行了实践，帮助他们改变了沟通的风格，重建了亲子关系，开启了幸福、快乐、和谐的生活。

希望可以和孩子"好好说话"的父母，请翻开这本书吧，亲子沟通的密码其实就把握在你们自己的手中。

掌握沟通密码，培养高情商的孩子

孩子啊，我要怎样与你沟通？

某个秋夜，我收到了一个让我印象深刻的微信求助。

"Liliane老师，不好意思打扰你。今天孩子回来，又把书包忘在外面了，已经很多次，好说歹说都记不住。今天晚上，我气得顺手拿起矿泉水瓶子打了他几下，结果孩子冲到厨房拿了水果刀，举在自己胸口。他这么小，怎么会自虐呀？"

我陪着这位妈妈梳理前因后果，而她突然问道："Liliane老师，有没有什么简单的办法，能让我和孩子好好说话？"

这位妈妈的求助让我意识到，她的请求或许代表了很多家长最急切的问题：

老师，我要怎样沟通，才能搞定孩子的坏脾气？

老师，能不能够告诉我，怎么批评孩子拖拉的毛病？

老师，你就告诉我一个最简单、最快的方法，让我能够鼓励孩子，爱上学习。

我发现，父母们的教育问题，大都始于与和孩子之间的话语，如果想要找到一条捷径，那么就要从真正学会和孩子沟通开始。

其实，父母本会沟通

还记得我们第一次拥抱我们的孩子吗？还记得我们对孩子说的第一句话吗？

宝贝，你笑了，是不是觉得妈妈的怀里好温暖呢？

哦，儿子哭了，是饿了还是冷了？

我们用毕生最珍爱、最期待的目光凝视着孩子，我们与他有了第一个人生约定："宝贝，好好长大，好好地生活。"

但是，当孩子大了，那个乖萌的孩子不再顺从地躺在你的怀里，他走进了学校，走进了社会，他开始面临各种挑战，他开始发脾气、责怪他人，甚至学会了在电子世界中逃离现实问题，我们着急，我们担心，我们想教训他，挽救他，于是，我们常常用这七种沟通模式和孩子说话：

1. 畏难式沟通

   "完了，作业又没写！"

2. 自说自话的沟通

   "唉，为什么我的孩子就那么不让人省心？"

3. 带着预设的沟通

   "你是不是又偷偷玩游戏？"

4. 充满愤怒的沟通

   "你怎么又不去做作业？！"

5. 看不到需求的沟通

   "快点儿写作业，写完了早点儿睡觉！"

6. 披着平等外衣的"说服"的沟通

   "我们商量一下，晚上早点儿把作业做完好不好？"

7. 争执输赢的沟通

   "总是不听我的，次次作业搞到这么晚！"

无疑，这样的话语不但没有给孩子带来勇气和动力，相反，会让面对挑战的孩子更加感到挫败和无奈，让家长感到失望和灰心。而我和我的孩子们，也曾经陷入这样的困局中，不知道在哪里可以找到照亮沟通途径的光亮。

父母会沟通，孩子会改变

在孩子们的幼年时期，我和很多家长一样，怀抱着崇高的教育理想，但是，我的所作所为，却和所思所想南辕北辙。说的是秉承尊重、平等、自由、民主的教育理念，立志培养一位高情商的孩子，但是一遇到和孩子之间的冲突，就忘记了所有的教育目标。对孩子们批评、指责、说服，要求他们顺从、听话，这样做的后果是，孩子胆小怯懦，缺少创造力和独立思考的能力。我逐渐意识到，因为错误的沟通方式，孩子丢失了作为独立个体的"自我"，他们的成长出现了问题。

于是，我一头扎入教育学以及人本主义心理学、积极心理学，以及中国老庄哲学的研究中；同时，我将自己多年的政务、商务谈判的经验，跨领域地融入我的沟通方法里；往返于中国、法国、美国、非洲的生活和工作经历，也让我吸纳当地的思维模式和跨领域的交流方法。

我希望能找到这样一种沟通方式，不是以控制孩子，让他们顺从听话为目的，而是能够贴近他们的心，点燃他们的动力，发掘他们的能量。我希望运用这样的沟通模式，让孩子们不因为恐惧，不源于诱惑，而是为自己而动、发自内心地想做到！

经过反复的尝试，我逐渐形成了自己的沟通体系，我用自己的方式来和我的孩子们对话交流。他们不但学会了管理情绪、人际交往，并且能够正视挫折，聚焦目标，在学业上也取得了很好的成绩。

尽管他们一、三、五年级在国内私立小学、公立小学读书，二、四、六、七、八年级在法国小学、美国国际中学学习，其中还穿插着在家自学，但是教育方式的交替并未让他们感到为难，中途插班也不会让他们感到不适，他们都能很快适应新的环境，和当地同学融洽相处，找到自己生活的节奏，学习的方法。到了学期末，他们的成绩总能奇迹般跃升为前三名。

不仅如此，他们自发组织的"拯救阅读"活动，获得了影响世界2500万儿童的DFC（Design for Change）全球创意儿童挑战赛2016年度大奖。

在引导孩子的同时，我也受邀为大学、中学、小学以及各教育机构的老师和家长做了上百场讲座，影响了数万家庭。很多父母用这种全新的理念和方法与孩子们沟通，让陷入冲突的彼此，重新找回了亲密和欢乐。

迷恋网络的晨曦离家出走，家长找到了他后，运用新的沟通模式重新对话。一年半后，曾经被认定为"一无是处"的晨曦考上了省重点中学，父母成了他最得力的盟友。

被父母打大的敏敏，纵使成绩全年级第一，但是心里埋藏的对家长的恐惧，让她对学校、对社会充满了敌意。当父母开始学习新的沟通模式后，敏敏心里的坚冰一点点融化，重新成了一位阳光少女。

Angela是一位温柔的妈妈，体贴先生，关爱孩子，但是5岁的孩子却越来越无理，时常叫喊着"打死妈妈""烧掉幼儿园"，让妈妈愤怒不已。后来，她运用新的沟通方式和孩子交流，孩子就像变了个人似的，开启了小暖男模式。

我身边还有很多很多这样的案例。受益的老师和家长们都希望我写下我在沟通领域的理念和方法，我也相信，既然我们都能够改变我们的生活模式，你也能够在这本书中受到启迪。所以，历时一年，我写下了这本书。同时，我也非常希望听到你的阅读感悟与践行收获，如果你愿意，欢迎关注"Liliane莉莉安说"微信公众号，和我联系。

掌握沟通密码，培养高情商的孩子

书中七章，讲解了亲子沟通的七个关键密码，它可以帮助孩子从失败、错误、冲突等让他感到挫败的事件中获取能量、解决问题、建立自信、赢得合作。我尝试用简练的文字，将所学的各种理论、方法讲清楚，尤其是把心理学博士、《情商：为什么情商比智商更重要》一书的作者，丹尼尔·戈尔曼先生提出的情商理念，通过亲子沟通的方式融入教育领域中实践，方便家长朋友们理解。

我也相信，21世纪是一个更加重视合作的时代，是一个共生、共创、共赢的时代。未来的社会更需要具备胸怀和格局，同时能够协调各种专业人士分工合作的高情商的人。而这样的能力，必须从小开始训练，因为情商高的孩子，更容易被培养成为具有协调能力、合作能力和领导能力的人。

父母如何培养，才可以让孩子具有这样的复合能力？

父母如何运用语言的魅力，在亲子沟通的每一个细节，点点滴滴地，润物无声地培养孩子的高情商呢？

在本书第0章，通过一个我家的故事，结合本书归纳的亲子沟通的七个关键密码，来给大家解析。

🙂 传承沟通密码，高情商孩子在冲突中赢得合作

在我的课堂上，刚开始学习沟通的家长会提出这样的问题："Liliane老师，我可以运用这样的方式和孩子沟通，但是到了社会上，不是每个人都可以这样有心，如此有智慧、有节奏、高情商地和孩子说话啊，那孩子怎么办呢？他会不会无法适应，不能接受？"

不知道正在阅读这本书的读者，是不是也有这样的困惑呢？我来讲一个最近发生的小故事，我们一起来看看，在这种家庭氛围以及沟通环境下长大的孩子，遇到挑战和冲突的时候，会从怎样的角度来思考和应对？

那天，我带着童童第一次去某语言培训中心上USAD（美国高中学术十项全能赛）的辅导课程，给她做一对一指导的是经验丰富的大元老师。他首先将1960年前后的美国历史列了一遍。在这个过程中，大元老师不断提问，但童童都是一脸茫然，老师的回应通常如此这般：

"你怎么这个都不知道？"

"啊呀，那你上学学的什么？"

"什么，你连这个也没听说，那你不用去考试了，糟蹋父母的钱。"

听到老师这么说，我手心暗暗出了汗，虽然我知道现在的童童温和懂礼，但谁能保证青春期的孩子能接得住这样直白的表达？我担心那种直言反驳，甚至摔门而出的情景会立马出现在眼前。

但这时，童童好像恍然大悟般，快速地在书上写着什么，同时笑呵呵地回应着老师："我在国外读书的时候，历史才学到文艺复兴时期。"

　　下课后，等电梯时，我好奇地问一脸轻松的童童，当听到大元老师的话语时，她的想法是什么。

　　"嗯，妈妈，我在想，老师那么强调，肯定很重要呀，所以，我就抓紧时间在书上画重点。"

　　我有些意外，所以继续追问："哦？当时，你心里没有感到不舒服吗？"

　　"怎么会？"童童惊讶地说，"妈妈，考试时间太赶，老师是为我着急呀。你看，我冲你发脾气的时候，你都可以理解的呀。你不是总在说，每一个指责和批评他人的人，都是在悲剧式地表达自己的善意嘛。"

　　看着这样的孩子，我心里很是欣慰。这些年我在家里教他们学会沟通，去理解别人冒犯式言语背后的深意，所以现在，即使孩子们面对来自外界的冲突，也能够运用沟通密码，去解读他人的内心，并寻求共赢的可能，而不是让自己的情绪马上陷入对抗。而后者，才是悲剧式的沟通。

　　最后，我真诚地邀请读者朋友们，和我一起打开这本书，并尝试运用书中的方法，去面对各种可能会发生的，或许让我们感觉有些艰难的沟通情景。让我们一步步学会用语言，化"危"为"机"，化"险"为"赢"，用我们的智慧，培养高情商的孩子！

最重要的是，我还有一个特别美好的期待，我希望我们能将这样的沟通理念传承给我们的孩子，让他们无论是面对现在的同伴或师长，还是面对将来的同事或竞争对手，一样可以运用简单而有魔力的沟通密码。

因为我希望孩子们能够明白，沟通的真谛不是辩论，不是说服，而是心与心的联结，智慧与智慧的交汇，用高情商化解冲突，将对手变成伙伴。我期待每一个人，可以在交流的过程中，管得好情绪，顾得到他人，看得到目标，赢得了合作。因为，这才是我们人生幸福的基石。

愿我们、我们的孩子和这个世界，开启有情意、有创意的心灵对话……

第2章
反挫：化"危"为"机"的积极沟通

第3章

观察： "评价"引发沟通危机，"观察"才是正解

第4章

联结： 温情暖意是沟通最美的底色

第5章

读心： 洞察需要，将对抗变成合作

第6章

引导：没有孩子可以被说服，除非他愿意

第7章

赋能： 持续行动，让我们一起幸福一生

第0章
从一个真实的故事开始

为了读者能更好地理解并运用"动态""反挫""观察""联结""读心""引导""赋能"这七个沟通密码，先讲一个我和女儿童童的真实故事，通过这个故事，我希望在和孩子的互动中，无论我们遭遇怎样的事情，都可以运用七个沟通密码，进行有情有理、有章有法的沟通。在这样长期的潜移默化中，孩子也形成了自己的思维模式和沟通方式。

密码1：动态，让沟通软着陆

我的大女儿童童14岁，正值青春期。在一次电话中，我们为一件非常小的事情发生了很严重的争吵。那是我第一次听到童童说脏话，我非常惊愕，顿时感觉自己完全不被尊重，同时理智告诉我，我们俩现在都是在用爬行脑（见保罗·麦克利恩的三脑原理）互相吼叫，结果只会越来越糟糕。我意识到这并不是对话的最佳时机，解决问题不在当下。所以，我挂断了电话，决定给自己一点儿时间，让自己先冷静下来。

密码2：反挫，化"危"为"机"的积极沟通

20分钟以后，我缓过劲儿来，开始鼓励自己，挫折即是机会，我需要做的，是利用这次事件，让孩子对"教养"有初步的了解，并学会如何表达愤怒。

当我厘清思路之后，我感到莫名的轻松，甚至有一些庆幸。或许，没有这次冲突，我会忽略"教养"这个议题，或许就算触及，也是没有真体验，空有大道理。

密码3：观察，"评价"引发沟通危机，"观察"才是正解

想清楚之后，很巧的是童童正好打来了电话，怯怯地说："妈妈，我错了。"

"嗯，童童，妈妈听到你的歉意了。我现在也平静下来了，你先上课，妈妈先和外婆去买点儿水果。"我只用一句话，表示我听到了她的话语，而没有去批评童童是如何没有礼貌、行为粗鲁的，因为我知道，负面的评判会让童童抵触反抗，或委屈认错，但这并不是我期待的，我有更大的野心，我要的是孩子由内而外的、主动的、长期的改变。

密码4：联结，温情暖意是沟通最美的底色

临到吃饭时，童童还没有回来。她打电话告诉我，她需要在楼下坐一会儿，平静一下再回来。我表示理解，同时告诉她，外婆准备了她最爱吃的菜，不管怎样，9点30分前回家，健康最重要，她得按时睡觉。

"好的，妈妈，我会提前半个小时回来的，我还要洗漱呢。"感觉童童又放松了一点点。

晚上9点，童童按时回来，看着孩子，我掂量着我们之间的温度，感觉时机还未到，我决定再等，因为我深信：

越大的问题，需要越强的情意。作为父母，我们必须把信念从"我很强大"，转变为"我们和孩子之间的情意很强大"。它才是孩子在现实生活中面对挫折的支撑和动力。

密码5：读心，洞察"需要"，将对抗变为合作

快10点时，我来到童童的房间，坐在床边，弯下身来亲了亲她，童童却一把抱住了我，说："妈妈，我错了，我今天不应该那么说话。"

"童童，妈妈知道了。每个人都有着急烦躁的时候，我能够理解，过去就好。当你说粗口的时候，妈妈很伤心，接受不了，但是当我放松下来，我能够体会到，你是想用说粗口的方式，来表达你的伤心和痛苦。但这并不表示你讨厌妈妈，你对妈妈的爱，妈妈一直都能感受到，就像上周我7:30去医院看病，你比我起得还早，陪了我一上午。"我尝试着一点一点，说出孩子心里的想法。

"妈妈……"童童眼泪吧嗒吧嗒地滴落，把我抱得更紧了。

"妈妈是有一点儿担心，你可知道，不是每个人都像妈妈一样善解人意，明白你粗口背后隐藏的伤心哦。"

"妈妈，我知道，你又嘚瑟了。"童童被我的自我表彰逗得破涕为笑。

密码6：引导，没有孩子可以被说服，除非他愿意

当童童感觉到自己的想法被妈妈理解和接纳的时候，她就完全放松了下来，而这，恰恰是我引导她思考的好时机。于是，我用一个一个关于未来的问题，让她的大脑积极转动起来，自己找方法，找答案。

"童童，一转眼，你已经14岁了。再过10年，你就成大姑娘了，你有没有想过那个时候，你会是一个怎样的女孩？"

"10年以后啊，我想那个时候，我留学回来，到一家大公司工作。我又聪明，还善于学习，呵呵，老板可能会说我前途无量哦。"

"嗯，这样的女孩，会有怎样的仪表和谈吐呢？"

"稳重，也可以活泼，职业装，嗯，淡妆、斯文、大方、有礼貌。"

"我女儿还个子高高，长发飘飘。"我和童童一起进行美好的幻想，忽然我话锋一转，"啊呀，不好，有一天，这位美女一生气，说了脏话。"

"妈妈呀，不会啦。"童童有点儿不好意思，开始撒娇了。

"那会不会情不自禁呢？就像你养成了早睡的习惯，形成生物钟，不用叫早，到时就醒呢？习惯成自然嘛！"

"那我现在就改！我在手上放一根橡皮筋，只要说脏话，就弹自己。"

"哦，这是一个痛并智慧着的方法，但是你怎样可以让对方知道，你真的生气了呢？"

"如果我理智尚存，我就用你教给我的沟通方法，说出我的愤怒，而不是愤怒地说出；如果理智已经飞走了，我就先离开，缓过气再接着说。"

密码7：赋能，持续行动，让我们一起幸福一生

听着童童自己的总结思考，我需要再次给她鼓鼓劲儿：

"太棒了，童童自己就总结出了表达愤怒的方法，和你刚才说的仪容一样，这也是教养的一部分……"

我们俩热烈地讨论着，愉悦地交流着，童童也时不时地表达着对自己的欣赏：

"重要的不是发生了什么，而是我们可以学到什么。你看，我的领悟能力多强！"

看着自信满满的童童，我由衷地高兴。那天，我们俩聊到很晚，从那以后，我再也没有听到童童说脏话。

看完我和童童的故事，您是不是想马上运用这七个神奇的沟通密码？那就让我们开始逐一揭开亲子沟通的七个密码吧！

第1章

动态： 让沟通软着陆的三个动作

还记得小时候我们依偎在妈妈怀里，听过的"刻舟求剑"的故事吗？那时，我们都笑话楚人的愚蠢，不懂得事物的时刻变迁，但是，当我们长大之后，我们好像又都忘了那个故事，成了那个"刻舟求剑"之人。

对于我们的孩子，我们有了"拘泥成法"，用刻板印象固化了他的成长。对于自己的情绪，我们有了"先入为主"，被负面情绪主导，偏离了教育的本质。对于自己的能力，我们有了"死守教条"，什么都要做到最好，结果只能是无休止的焦虑……

本书第1章——动态，就是希望父母能真正理解事物都是动态发展的这一基本规律，学会动态地看待孩子，看待情绪，看待自己。

第1节

清零刻板印象，
孩子才有无限可能

> 语言是一种强有力的创造性媒介，我们说
> 出的话语反映了我们的思想和观念，定义了我
> 们所生活的世界。
>
> ——多罗西·J·马维尔

1 法国妈妈，给我上了一堂教育启蒙课

2006年10月，我留学法国蒙彼利埃。我常常看着阴雨绵绵的窗外，想着家里门前是否七里香常绿，银杏叶已黄。3岁的童童和快2岁的涵涵，在干吗呢？童童有没有和外婆斗嘴？涵涵趴在地上玩什么呢？他们有没有问，妈妈去哪里了，什么时候可以回来？

"啊"一声大叫打断了我的遐思，是Isabella的声音。3岁的Isabella是我的寄宿房东Anne的小女儿，她有着金黄色的卷毛头，

碧蓝的眼睛，和我的小儿子年龄相仿。

我冲进Isabella的房间，看见棋子散落一地，Isabella捂着脸号啕大哭，她的哥哥，5岁的Ben，怒气冲冲地站在一边。

我跑过去蹲下来，搂着Isabella，郑重地对Ben说："Ben，你可是哥哥，不能欺负妹妹哦。"

"Liliane，你是个坏蛋，你就是个傻瓜！"哥哥生气地挥舞着拳头，像小公牛一样大吼着向我宣战。

这孩子，太无理了，我忍不住想好好地教训一下这个没礼貌的小子。

幸好，在一楼做饭的妈妈Anne及时赶到。

"哦，Ben，你是想告诉我，事情不是像我们看到的那样，对不对？"Anne的声音温暖又平静，她走到两个孩子中间，蹲了下来，伸开了双臂。

"Isabella，妈妈还听到了一声啊，是你的声音吗？"Anne紧接着好奇地询问了小女儿。

　　两个孩子都迎着妈妈的拥抱，埋到Anne的怀里。他们呜咽着告诉妈妈事情的经过，Ben教妹妹学棋，但妹妹一时没学会，情急之下打翻了棋盘，棋子砸到了自己的脚。

　　事情完全出乎我的意料，原来我在没有了解整个状况的情况下，就经验性地判定是哥哥欺负了妹妹。

　　可是Anne和我完全相反，她并没有急于下结论，简简单单的两句话，不仅向孩子传递了妈妈的关爱，还向孩子发出了确认信息的邀请"事情是这样的吗？"

　　那是什么让我和Anne的反应如此不同，她为什么能够如此平和淡定地面对孩子之间的风波呢？

　　事后，我向Anne请教，而Anne，这位巴黎高师毕业的哲学博士，却微笑着问我："你为什么会认为哥哥就一定要欺负妹妹呢？"

　　"因为，因为一般都是这样啊。"

　　"Liliane，你觉得我会有两次完全一模一样的微笑吗？"

我被Anne突如其来的问题难住了，我边想，边字斟句酌地回答："好像没有吧？笑的原因不同？场景不同？时间不同？还有，笑的幅度也不一样？"

"对啦，既然你找到了那么多不同，那你为什么用'都是'来判定孩子呢？无论是孩子还是我们，每一天，每一刻，都在变化，对吗？如同我此刻的微笑，你或许从未见过，可能也无法再次见到。因为我们无法停留在过去，更不要轻易假设未来。"

那天，Anne抱着Isabella，给我上了一堂教育启蒙课。

我第一次意识到，我常说涵涵内向、胆小，童童调皮、烦躁，这并不是真实的他们，而是我把他们某个瞬间的行为，定义成长期的特性。我们期待孩子灵动鲜活，但是我们却把他们固定为脑中的刻板印象，然后，再用这个刻板印象去假定他们的未来。

那天晚上，我辗转反侧，决定中断我在法国的语言文学的研究生学习，回到孩子身边，从"人"的角度，去看待孩子们的变化与成长。

2 是不是每个人，都戴着有色眼镜看世界

当我开始研究刻板印象对认知的影响时才发现，它早已浸入我们的生活中，不知不觉，悄无声息。

记得我们小时候看京剧，爸爸妈妈教导，红脸是忠臣，欢呼鼓掌；黑脸是奸臣，鄙夷唾弃。后来我们带孩子看电影，出来一个人物，我们马上教孩子们分辨：这个戴眼镜穿白衬衣的是好人，这个秃头戴墨镜的是坏人。我们在刻板印象中定义他人，也在刻板印象中被他人定义。

当孩子们到外地旅游时，朋友们常问的是以下3个问题。

你们成都人都能吃辣？

成都阿姨很漂亮？

成都先生都听太太的话？

一天又一天，潜移默化地，刻板印象就植根于我们每一个人的意识，甚至是根深蒂固，限制了我们对人，以及对外界事物的好奇与探索。

美国传播学奠基人沃尔特·李普曼曾提出一个著名的问题：

大多数情况下，我们是先理解，后定义，还是先定义，后理解？

如果定义先于理解，就有可能会给我们的家庭、我们的生活造成不可逆转的伤痛。

我有一位学员，是两个孩子的母亲，她的大儿子喝酒文身，是大家心目中的不良少年。一次，她的钱包不见了，大儿子拒不承认是他所偷，妈妈绝望之下拨打了110，孩子见妈妈如此不相信自己，夺走妈妈的手机，砸得粉碎，并且离家出走。过了几天，妈妈才发现，她的钱包滑落到私家车驾驶座的下面。她非常内疚，苦苦地寻找孩子，孩子却一直没有音信。一年后，派出所来了电话，孩子离家后和一帮不务正业的青年混在一起，因为参与群殴被拘留了。

因为刻板印象作祟，妈妈一开始就因为孩子之前的种种行为认定他是小偷，而不被信任的孩子就会越走越远，自暴自弃。

回想我们和孩子的每一次沟通，是否在对话之前，我们已经假定了他的行为，他的想法，甚至事情的原因和经过？我们可否问问自己，这是孩子的真实模样，还是我们想象出来的刻板印象？

3　去听去看，这个世界不是非黑即白

电影《疯狂动物城》里，互为天敌的兔子和狐狸结成了好友，看似柔弱的绵羊秘书是腹黑大老板，而看似笨拙的大象却是瑜伽高手。导演里奇·摩尔想借这个反转的故事，告诉大家，一旦你真正了解了人的多面性和可能性，你就会很难再陷入固有的刻板印象。

因为事业的缘故，我带着孩子们在各地求学，给孩子们影响最大的是塞内加尔的美国国际中学。中国孩子在非洲读美国学校，三地合一带来的文化碰撞，是多么的精彩纷呈啊，更何况这里还有着来自多个国家和地区的孩子以及老师，不一样的习俗和思维，帮助孩子们理解这个世界的和而不同。在这里，我的孩子们发现：

- 肯尼亚同学Oumarou时常第一个到学校，并非如别人以为的漫不经心，悠闲懒散；

- 放学前整理教室，德国同学Samuel喜欢胡乱把书本塞在柜子里，并非像德式精密仪器那样严格自律；

- 英国同学Evan上学时穿着衬衣西裤，如贵族般谨慎自持，但在校园舞会时却狂放不羁；

- 涵涵一打架比谁都逃得快，原来中国人并非个个都是功夫高手；

- 童童需要非常努力，才能取得A+的数学成绩，看来中国孩子也不是生来就是数学天才。

所以，每人不同，千人亦有千面。

我常常提醒自己，不要让刻板印象限制了孩子们的视野，固化了他们对生命的认知。我希望我们和我们的孩子，可以具有多元视角和穿透力，让自己从现有的局限中跳出来，站在一个更高的位置，跨越刻板印象的阻碍，去看见和接纳每一个人，去理解和包容每一个观点，尊重个体，尊重不同，打破非此即彼、非黑即白的封闭与局限。

但是，即使在这样多元化的环境里，依然有着刻板印象的痕迹。

童童12岁的时候，班里的同学嘲笑她的文具是中国制造。

当时在他们的眼里，中国制造意味着品质不高。

童童不惧同学们的看法，她说："我这个人也是中国制造，你觉得我怎么样？"

从那以后，她尽可能地使用国货，她的衣物、书包、饭盒，都是中国制造，她要为中国制造代言。

她联合两位同学，在Facebook上开办了一家网店，出售从商场、超市、淘宝网买来的品质不同、品种多样的中国商品。她不仅卖给本校同学，还卖给老师，甚至卖到了本市的其他学校。如今，来自中国的商品供不应求，其独特的设计，精致的做工赢得了大家的喜爱。童童用两年的时间，让大家对中国制造有了更全面的认知。

如果我们的孩子都能有勇气去面对刻板印象，用一个更包容、更宽广、更长远的视角看待事物，影响他人，那作为父母的我们也需要跳出对生活，特别是对孩子的片面化定义。

正如斯坦福大学戏剧系教授帕特斯亚·瑞·麦德森所说，人的一生都是在即兴发挥中度过的。既然我们无法预知下一个决定和行动，那我们又怎可以用刻板印象去固定他的变化？

⭐ 练习1：一张表格，扭转对孩子的坏印象

我们不应用成见去固化一个孩子的生命，我们需要做的是，在沟通之前，将对孩子的刻板印象清零。如何做到呢？

我曾经用这样的对话方式来引导家长们，觉察自己对孩子的刻板印象，并且把它抛之脑后。然后，保持着好奇心，一起来探索，归零之后会有什么不一样的状况发生？

以下，就是我与一位家长——蒙蒙妈妈的亲子沟通咨询案例。

我：蒙蒙妈妈，你觉得孩子哪些方面让你烦恼呢？

蒙蒙妈妈：他总是欺负弟弟，上次和弟弟抢玩具，把弟弟推到路边水坑里去了。

我：还有吗？

蒙蒙妈妈：多了哦，喜欢骂人，没礼貌，上次说班上同学丑得像猪八戒。

我：还有吗？

蒙蒙妈妈：……

我：那我总结一下，你觉得孩子倔强，爱欺负弟弟、没礼貌、爱骂人，是吗？

蒙蒙妈妈：是的。

我：请你找出欺负弟弟的反义词。

蒙蒙妈妈：那就是爱护弟弟。

我：好的，那他有过爱护弟弟的时候吗？

蒙蒙妈妈：有啊，弟弟小时候帮我递奶瓶，上次出门没带弟弟，还提醒我买礼物……

我：你看，蒙蒙真的是总爱欺负弟弟吗？

蒙蒙妈妈：还真不是，他挺爱弟弟的。

我：请把这个刻板印象从你的大脑里扔出来。

我们俩笑着，做了个将东西扔出窗外的动作。

我：蒙蒙妈妈，你现在感觉怎么样？

蒙蒙妈妈：轻松多了。而且越来越觉得，他其实真的非常爱弟弟，我怎么能只盯着他不爱弟弟的部分，而不去鼓励他爱弟弟的举动呢？

我：你有了这个发现，我们就回到了沟通的起点。在之后的课程中，我会教给你在沟通中如何去积极关注优点，并淡化缺点。今天我们继续做准备，摒除对孩子的刻板印象。接下来，我们来找出没有礼貌的反义词。

蒙蒙妈妈：有礼貌。

我：想一想，蒙蒙有过有礼貌的时候吗？

…………

一个小时过去了，我引导蒙蒙妈妈慢慢地清理刻板印象，蒙蒙妈妈恍然大悟，原来，我的孩子并不是我以前认为的那个样子，他是灵动的、鲜活的，随时变化着的呀。我笑着递给蒙蒙妈妈一张表格：刻板印象就像大脑里的野草，一不注意，就会蓬勃生长。随时填一填这张表，可以帮你做减法，将刻板印象清零哦。

刻板印象清零表

完成人：蒙蒙妈妈

我对孩子的刻板印象	反义词	具体实例
倔强	和善，合作	上学一喊就起床；上次告诉他，把课外书留在家里，下课时多玩耍，他也听从了我们的建议
爱欺负弟弟	爱护弟弟	帮我递奶瓶，提醒我给弟弟买礼物
没礼貌	有礼貌	上楼时，按了电梯等后面的人；吃到好吃的东西时，都要让我也尝尝
爱骂人	好好说话	老师说他在学校乐于助人

看到蒙蒙妈妈的表格，你是否也蠢蠢欲动，想大胆地尝试？接下来，我也邀请你来做做这张"刻板印象清零表"，可以给自己20分钟，从另外一个角度重新认识自己的孩子。

刻板印象清零表

完成人：（　　　）

我对孩子的刻板印象	反义词	具体实例

同时，这张表还有另外一个玩法，就是邀请我们的孩子一起来完成。让孩子看到自己并不是传说中那个调皮捣蛋、浑身都是缺点的孩子，让他看到自己其实拥有无限的可能和超乎想象的潜力。

第2节

关掉鲨鱼音乐，
心境便能"海阔天空"

> 在外界刺激和回应之间，存在着一个空
> 间，我们的回应就存在于这个空间之中，我
> 们的成长和幸福就蕴含在我们的回应里。
>
> ——史蒂芬·柯维

1 大脑里的音乐会，藏着一个秘密

美国著名脑科学家丹尼尔·西格尔博士通过一个神奇的实验，为我们演绎了情绪是如何影响我们的行为和决策的。

他首先邀请了年龄不同、职业不同的人们，将他们聚集在一个会场中，遥控键一按，一段视频徐徐播放，伴随的是平缓柔美的音乐。在这愉悦轻松的气氛中，观众们看到了茂密的森林，穿过森林，是一条绿葱葱的乡间小路，小路的尽头是蓝色的大海。看着碧海蓝天，听着舒缓美妙的音乐，观众们微笑

着，平静而祥和。

随即，丹尼尔博士仿佛指挥家一般，挥动了一下遥控棒，开始了第二段视频。观众们看到了同样的森林，同样的小路，同样的大海，但奇怪的是，此次的配乐完全不同，用的是电影《大白鲨》的主题曲。这一次，观众们瞪大了双眼，有的人甚至微微张开了嘴巴，露出惊恐的表情，还有人身体尽量往后倾，好像马上要夺路而逃。原来，这阴森悬疑的音乐让大家感到危机四伏。穿过森林、走过小路、来到海边，每走一步，都让人屏住呼吸，好像离大白鲨越来越近，它仿佛随时都会张开血盆大口，跳将出来。

不同的背景音乐产生的不同刺激，让观众产生不同的情绪，就算面对同一情形，也可能采取不同的反应。

让我们一起来回溯细思，仅仅是背景音乐就会带动人的情绪变化，甚至影响我们的潜意识，更何况是我们亲身经历的事情，它同样会影响我们对孩子的判断以及我们当时的反应。

② 原来，有条鲨鱼潜伏在我们的生活里

回到我们的家庭沟通场景，我们有时会抱怨，是孩子的行为

导致我们烦躁和生气，是孩子的错误让我们不得不采取惩罚的措施，然而，这真的是事实吗？

傍晚19:20，孩子正在家里看电视，忽然听到门响，还来不及冲过去关电视，就听到一声大喝："怎么又在看电视？"孩子吓得一哆嗦，遥控器啪地一下掉在地板上。

爸爸把公文包往沙发上一丢，指着孩子的鼻子大声呵斥，"好啊你，被抓了个现行！又是奥特曼，又是奥特曼，明天就把电视机送人！"

爸爸怒不可遏，一把把孩子掀翻在沙发上，一巴掌打在屁股上，"哇……"电视中奥特曼和怪兽的打斗声，现实中爸爸的怒喝声、孩子的哭声交织在一起……

我猜，看到这里，或许你认为孩子真是需要好好管教，也可能你并不认同这位爸爸的教育方式。请跟随我进入第二个场景，看看另一种应对模式。

傍晚19:20，孩子正在家里看电视，忽然听到门响，还来不及冲过去关电视，爸爸已经进了门。

"儿子，作业做完了吗？"孩子一阵慌乱。"还记得我们的约定吗？"爸爸的语气轻松并坚定。

但奥特曼和怪兽尤斗正酣，"爸爸，马上马上，还有一会儿。"

爸爸走过去关掉电视，转过身微笑着说："儿子，我很看重我们的约定。记得其中有一条是，如果你暂时做不到的话，爸爸可以助你一臂之力哦。"

爸爸的声音依旧平和得像习习微风，里面还有一点点初春的暖意。"哎呀，你好烦啊！"孩子往沙发上一瘫。

爸爸拉起儿子，牵着他走向书房，边走边说：

"刚才那是雷欧对战怪兽格隆吧，阿斯特拉出现了没？"

"还没有呢！"

"哦，挺期待的，你一完成作业，我们就一起看这一集。"

"好啊，爸爸。"

孩子和爸爸走到桌边，拿出了作业，开始做题……

看到这里，我想问问你，如果你是孩子，你愿意留在哪个场景？或许你会说，当然是第二个，因为这个爸爸有智慧，有方法，和气又耐心，还很能把握引导的节奏。是这样的吗？第二个爸爸比第一个爸爸更可爱？

　　然而，事实是，这两位爸爸是同一个人，我的学员维吉爸爸，他在同一周，面对同样的情景时，做出两种截然不同的反应。或许你会大吃一惊：这怎么可能？

　　现在请你和我一起，将时钟徐徐回拨140分钟，从19:20拨回17:00，看看在这两种不同的场景中，爸爸回家前，遭遇了怎么不同的经历？

第一种场景的前情

　　17:00，维吉爸爸接到老板电话，辛苦一周，天天加班到半夜做的方案被退了回来，并且要求三天内再出一套新的方案。

　　18:40，回家的路上，遇到红灯一个急刹，后面的车追尾，维吉爸爸和对方互相指责，大吵一架。

　　19:20，走到家门口，维吉爸爸强压住所有的怒气，反复对自己说：不要把情绪带回家，要对家人好一点儿。但是当他推开门，看到儿子坐在沙发上，紧盯着电视，胸中强压下去的火苗腾地又被点燃……

第二种场景的前情

　　17:00，维吉爸爸提前完成了当天的工作，并且召集几个下属开了个短会。

17:30，准时下班。回家的路上，开着广播，电台的主持人太搞笑了，几个段子都让维吉爸扑哧笑出了声，这是很平凡的一天，波澜不惊的一天。

19:20到家，推门而入……

维吉的行为没有变，爸爸也还是那个爸爸，但是为什么面对同样的事件，处在第一个场景中的维吉爸爸有着如此糟糕的反应？

原来，当时的他，已经遭到了"鲨鱼音乐"的侵袭！

3　不是孩子不好，而是父母已被"鲨鱼"侵袭

丹尼尔博士的实验和维吉爸爸的故事或许能让我们意识到，激发我们行为的因素，可能并不是当时面对的情形，而是已经奏响了的鲨鱼音乐。它是不是让我们在沟通开启之前，就陷入恐惧和焦虑，烦躁和愤怒的情绪？

在这些负面情绪的推动下，我们也很可能如同维吉爸爸一样，运用批评、惩罚等方式应对，而忘了我们还有更好的选择。

但遗憾的是，这样的方式，并不能如我们所愿地让孩子"吸取教训"，因为我们的经历告诉我们：

批评和惩罚大都是浪费力气的教育方式。

我曾经试着问孩子，还记得小时候，让妈妈最生气的那件事，教会了你什么吗？孩子们回答我说，不记得了，只记得我好凶，吼叫的声音快掀翻了楼顶。

所以，当我们"攻击"孩子的时候，孩子根本不会去听我们讲了什么道理，也不会去反思，他会如箭在弦般，集中所有的注意力，密切关注家长的风吹草动，情绪变化，行为趋势。他们会恰如其分地点点头，貌似非常诚恳地认个错，因为孩子永远活在当下，他只在乎此时他们的切身利益——只要家长一消气，他就能逃脱严重的惩罚。

至于人生经验、刻骨教训，太缥缈长远，孩子们并不在意。

不当的批评和惩罚让孩子和我们对立起来，形成敌对阵营。

当我们攻击孩子的时候，我们的语言里时常充满着对孩子的否定，大部分情况下，孩子无法分清让我们不满的是他的行为，还是他这个人，例如：

你怎么这么不争气！

今天的后果，都是你自作自受！

教了这么多遍，你也不会！

好吧，算了，就这样了，我也不抱希望了。

这样的攻击和质疑，让孩子非常难过，他会认为我们是在厌恶和放弃他这个人本身。

我的儿子，今年13岁的涵涵给我分享了他的座右铭：

I would rather be hated for who I am, than loved for who I am not。（我宁愿因做自己招人厌恶，也不愿意为了迎合他人伪装自己）。

——柯特·科本

这意味着，孩子最终最想成为的是原原本本的、真实完整的自己。

但是一旦我们的批评和惩罚，被孩子理解为我们在攻击他的真实自我时，他就有可能为了保护自己，坚守自我，选择忍让、逃避，甚至报复和对抗。这样的分歧会把我们双方推入敌对阵营，每天都在暗中较量，争个你输我赢。怎可能让我们构建良好的亲子关系，并目标一致，共同努力？

批评和惩罚让孩子学会"为人处事"。

我们需要意识到，我们现在和孩子的沟通方式和相处模式，有可能内化成他成人后的人际关系模式。

孩子随身携带着一个隐形工具箱，我们所用的沟通方法、对话方式，他都默默地收纳在自己的工具箱里，成为他为人处事的法宝。

所以，现在的批评和惩罚，就有可能变成以后他与人交流时的责怪和训斥。

让我们静静回顾一下，我们身上是否有父母的影子呢？

我的父亲是一位记者，以文笔辛辣，针砭时弊见长，他把这样的风格也带到对我的教育里，我也曾经言辞犀利、一针见血，因刺痛他人而沾沾自喜。朋友们给我取名为"铁嘴"，却不知因为这个吵架必胜，揭人必揭短的特质，让我在年少时失去了很多至今想起依然惋惜的友情。

批评和惩罚让孩子形成"无助者人格"。

当我们在批评和惩罚孩子的时候，我们很容易把错误归咎于孩子，这无形中让我们给了自己一个借口——是孩子导致了我们的过激行为，怪罪他人，推卸责任是唯一的出路。我们是被动的接受者，而不是改变现状的主动者。

在我们家，曾经也有这样的状况：

当我问"地上怎么有苹果皮？"孩子们马上回答"不是我做的""不是我的错"但没有一个人帮着收拾苹果皮。

当童童问："咦，我的耳机去哪里了？"涵涵马上回答："不是我，我没拿。"然后大松一口气，溜回自己的房间。

事情虽小，却让我警醒，如果延续以往的教育模式，当他们长大成人之后，面对挑战和困难，他们会选择什么？是各人自扫门前雪的逃避，而不是主动地迎难而上，解决问题。

批评和指责会带来一系列负效应，而刻板印象、消极情绪都有可能是我们采取批评和指责行为的推手。在了解了这样的真相以后，我们需要做到：

和孩子沟通前，清理我们的刻板印象，调整我们的情绪状态，不要让我们的行为成为我们宣泄情绪的工具。

☆ 练习2：按下快捷键，迅速转化消极情绪

给大家分享三个转化情绪的快捷键，它们分别是：口、手、心。

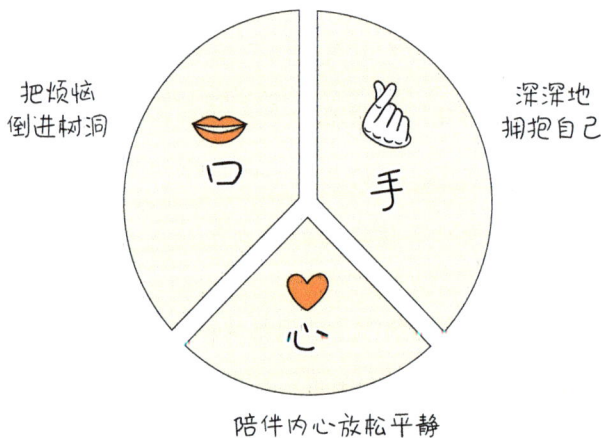

• 第一：口

请在你的家门上，贴上一个树洞。

每天回家前，将你的烦恼，尽情地倾诉到洞口里。每个人都有强烈的表达欲望，特别是面对压力和烦躁，憋在心里就会烈焰燃烧，让树洞成为你最好的倾听者，没有反驳，没有解释，只有静静地全然地接纳。请记住这个快捷键的名字"口"。

● 第二：手

请用力地深深地拥抱自己。我们曾说，世界上最美妙的一件事，是你拥抱你爱的人，而他也紧紧拥抱着你。你要相信，最爱你的人，永远是你自己。所以，请伸开你的双手，抱抱你自己，并对自己说一句："谢谢你，承担了这么多。"请记住这个快捷键的名字"手"。

- 第三：心

请将你的右手，放在你的左胸，感受一下你的内心。它这会儿是焦躁的、紧绷的，还是沉重、压抑的？请把你的注意力放在心上，闭上眼睛10秒，静静地陪伴着它。陪着它慢慢放松、慢慢平和。请记住这个快捷键的名字"心"。

其实，我们的即时转化情绪的方法不仅可以用于家庭关系中，也可以用于任何生活场景，即使面对你的重要客户、顶头上司，当你感觉鲨鱼音乐即将侵占你的身心时，你可以说一句："对不起，我去去洗手间。"3分钟，用三个快捷键"口手心"改变你的情绪背景。

口——尽情吐槽，说出对方的不当之举。

手——抱抱自己，对自己说：谢谢你，这么坚持自己的主张，你可以找到最优的沟通方式。

心——感受自己的内心，陪伴它平和放松。最后，你还可以对着镜子里的自己笑一笑，补个口红，神采奕奕地走出去。

第3节

做回自己，
我们不是"超人"父母

你若不爱你自己，

你便无法来爱我，

这是爱的法则。

你的爱，

只能经由你而流向我，

若你是干枯的，

我便不能被你滋养，

牺牲你自己来满足我的需求，那并不能
让我幸福快乐。

——维吉尼亚·萨提亚

① **"成为最好的自己"是个伪命题吗**

我没有的东西，如何给予你？

一谈到这个话题，我的学员，文艺范的茵茵妈妈潸然泪下。她在课堂上分享了她的一篇日记。

晚上8点，吃完饭，我正在洗碗，但是思绪已经飘走了。"今天可真累啊，拜访了5个客户，还好签了两张单。"想到这里，我就不由自主地笑了，"但是，脚还真疼，穿着高跟鞋跑了一天。"扭了扭酸痛的脚踝。

今天同事分享了卡尼尔公司拍的视频，几位摄影师跟拍了一位全职妈妈一天的生活，忙碌工作、照顾孩子、繁重家务，然后将其早上的照片和晚上的照片分发给路人猜测妈妈的年龄，结果发现晚上妈妈的状态比早上老了5岁。

我想到这里，忍不住叹了口气，对自己说："唉，我今天老了10岁吧？算了，再扛几年吧，等孩子大一点儿就好了。"

洗完衣服，拖好地，我开始给茵茵辅导作业。实在是太累了，感觉思绪都倦怠下来，还好，终于做完了。

"妈妈，明天琪琪带《窗边的小豆豆》上学，我带哪一本好呢？"

"妈妈，琪琪用手偶表演小豆豆，我也带手偶去，那我表演哪一个节目呢？"

"妈妈，我的手偶放哪里了？妈妈，你来帮我找一找嘛！"

茵茵的问题一个接一个，我都快招架不住了。

"茵茵，妈妈太累了。"

"不嘛不嘛，妈妈帮我找嘛！"

茵茵嗷着嘴，抱着我摇晃起来。唉，小灵精，她知道我最服这招。我看着茵茵可爱的、让人无法拒绝的小脸蛋，只有站起来，拖着脚，往茵茵卧室走去，心里既苦恼又烦闷，唉，我忍不住有些懊恼。

说什么最好的自己？唉，其实最苦的是自己吧……

② 给孩子一个机会，感受父母的"无力"

读完茵茵妈妈的日记，同学们眼里的星光没落了，神采也淡然了。难道所谓最好的父母，就是工作和家庭两不误，熬得过岁月沧桑，扛得住情绪崩溃，还得响应某些理念所倡导的，在孩子面前，呈现最好状态的自己？

这碗毒鸡汤，让父母们，尤其是妈妈们"无条件牺牲自己的时间、精力、乐趣，伪装出最好的状态，全然满足孩子貌似合理的需求"。殊不知，你那"最好状态的自己"却可能引导出"最糟糕的自己"和"最不好的孩子"。

（1）一个无法照顾好自己的家长，更无法照顾好孩子。

在和孩子沟通的时候，我们传递的不只是语言信息，更多的是情感的流动，心灵的触碰。

与孩子双眸凝视，会心一笑，多少情意在其中啊！

孩子的稚嫩问题，我们的巧妙回应，感觉每个字都被赋予了生命，像个小精灵，在我们和孩子间欢乐地跳来蹦去。而在疲惫的状态下，我们无法带给孩子温暖的情感，也无法启发孩子的思维，我们心里想的是：

孩子如此磨人，故事却冗长沉闷，怎么时间过得那么慢？

这烦躁像火焰压抑在胸，或许洗漱的时候，孩子动作稍慢，这把蓬勃之火就找到了出口：

"你为什么总是那么磨蹭？"
"刷个牙要半个小时？"
"你就不能管好自己，让妈妈省省心？"

我们已经无力陪伴孩子寻找解决方法，更别谈提高效率。当孩子以号啕大哭回应，看着孩子哭花的脸蛋，听着时不时的抽噎声，妈妈又恨上了自己：

"我为什么是这么糟糕的母亲？"

唉，其实有的时候，真的不是我们不好，而是我们真的太累了。

（2）一个无法看见父母真实需要的孩子，是不具备同理心的孩子。

我们无条件地满足孩子，让孩子理所当然地觉得，父母的需要都不重要，我自己的需要凌驾于一切之上。

可尔妈妈小的时候，父母都忙于工作，疏于照看她。她有了可尔以后，决心不再让可尔受到忽视，全身心无微不至地照顾可尔。

"你就不要上班了，把孩子照顾好就行了。"老公一声召唤，可尔妈妈立马辞掉了工作。

"妈妈，你干吗要换衣服？妈妈不要出门，我要你陪我！"可尔一声呼唤，妈妈立马推掉了闺蜜的约会。

"哎呀，宝贝，不要总是看电视嘛！"可尔的行为，让妈妈立马把电视机送到了奶奶家。

可尔妈妈可以拒绝一切，除了可尔，因为她就是妈妈的全世界。

但是，随着可尔年龄渐大，她的要求越来越高，脾气也越来越大。妈妈已经力不从心，疲于应付，母女之间的冲突时常爆发。

有一次妈妈愤怒之下，倾诉着自己的种种付出，希望能够得到孩子的体谅，但孩子却轻蔑地看着她，冷冷地丢出一句：

"你现在的这个样子，就像个泼妇。"

这句话像锥子一样插进妈妈心里，令妈妈痛苦得无以复加。

可尔妈妈的故事，让我们警醒，到底什么是溺爱？

溺爱就是去迎合孩子的任何要求，而不让孩子学会接纳自己的负面情绪。

溺爱就是完全以孩子为中心，放弃了爱自己。

我们要看见孩子的需要，更要引导孩子去看见父母的需要，爱孩子，更要引导孩子爱他人。

只有在这样平等的关系中，只有在孩子和母亲、和他人同样美好的信念里，孩子才能够慢慢地体会他人的感受，学会真正地理解他人，尊重他人。

（3）一个被家长庇护的孩子，是不具备能力感的孩子。

在我的课堂里，我会给大家分享一个视频。

一位一岁左右，脚步蹒跚，行路不稳的孩子，看见一位先生，双手抱着一大堆衣服，想放进衣柜，但是柜门半掩，先生腾不出手来打开柜门，孩子"咯咯"笑着爬了过去，帮先生打开了柜门。

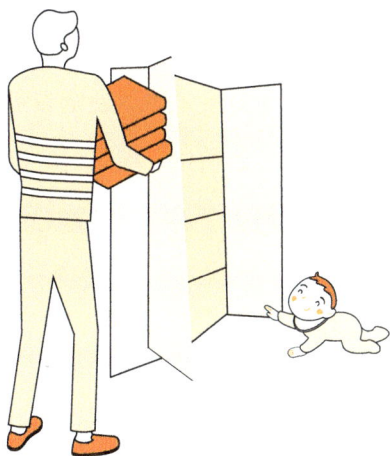

虽然孩子很小，虽然视频很短，但我们被深深震撼，因为我们感知到：再小的力量，也有能力和意愿去帮助他人。

我在外讲座回来，时常给孩子们讲我分享的内容，家长们的收获，然后我问他们，我还需要补充什么。童童涵涵总是七嘴八舌，给我指出值得鼓励和需要提高的要点。有一次，涵涵逗我说："妈妈，我觉得你就像个小孩子，和我小时候一样，在学校表现好了，就回来要表扬，要棒棒糖。"

"对呀，我心里就住了个孩子，每个人都有孩子的那一面，都需要关心和支持。你的爸爸，你的老师，都一样。"

"哼，我早发现了。所以呢，我给你建议之前，我都会多给你鼓鼓气，这样，你才接得住后面的打击。"

你看，只要我们给孩子机会，他就会全力帮助你，而且他不但会考虑内容，还会照顾你的情绪，所以，妈妈们，多多给孩子机会，让孩子拥有爱人的能力，而不要以爱之名，阻碍孩子关爱他人。

如果我们在孩子面前是个无所不能的超人，孩子就可能成为万事靠人的庸人。

③　爱自己，妈妈们也需要刻意练习

在疲劳的状态下，我们很难理智地和孩子进行沟通，同时我们生活的疲倦和无奈，也会成为孩子未来生活的预演。所以，让自己在和孩子的沟通中充满灵感和创意，就成了当务之急。

让我们一起来完成以下的自测表，看看是什么阻碍了你，使你陷入疲劳，没有机会照顾自己，疼爱自己。

自测表

描　　述	你是这样吗
沿袭常规生活方式，从古至今，当父母的都这样	
从来没有想过我们最需要爱的是自己	
如果花时间照顾自己，会感觉内疚，会认为这是自私和不负责任的表现	
知道需要爱自己，但是实在没有时间	
经济上的压力，事业上的理想，让我们疲于奔命	
太累了，没有精力照顾自己，哪怕敷张面膜都嫌累	

以上六种状况，无论你是哪一种，你都需要行动起来。爱自己，也需要刻意练习，但不同的是，以下我所建议的方式，不会花费太多的时间、精力和金钱，最重要的是，它能够帮助你教会孩子经营生活。

☆ 练习3：五个锦囊，让父母恢复满满元气

逃离疲劳之荒的五个锦囊

锦囊一：充足的休息时间

如果无法保证，请在疲劳时暂时停下手头的工作，用5分钟时间冥想。

如果担心孩子打扰，请使用扮木偶人、扮演医生与病人等游戏。

也可以向孩子请求帮助：

"妈妈现在实在太累了，我需要休息一会儿。"

"妈妈就躺在你身边，你可以照顾我吗？"

"可以告诉其他人，脚步放轻，小声说话吗？"

你看，这正是个好机会，让孩子学会同理他人、照顾他人。

锦囊二：日常锻炼

每周2~3天，每次20~30分钟。

如果无法保证，可以在小区带孩子散步、跑跳，也可以在客厅和孩子跳舞，做亲子瑜伽。锻炼是和孩子最轻松、最愉快的交流方式之一。

锦囊三：兴趣时间

你需要培养一种个人爱好：烹饪、读书、养花、画画……

也可以和孩子报同一个兴趣班，交流学习心得。生活更加美好，家庭氛围更加轻松。你和孩子的情感联结会更加紧密。

锦囊四：社交活动

你需要加入正能量的团队和群体，结交善于倾听的朋友。

你也可以组建读书会、美食聚餐。回家告诉孩子，你学会了什么，你拥有了什么不一样的新视野。

对妈妈们来说，如果实在没有时间，也可以加入线上的妈妈群，一起做早餐、健身、交流护肤心得，妈妈们也需要多姿多彩的生活。

锦囊五：爱的充电

请求爱人的拥抱，请明确地告诉他或者她，每周为你做一件事：

买一束鲜花，洗一次碗，或者倾听一次工作上的烦恼，打一场天翻地覆的游戏……当你在为爱付出的时候，你也需要爱的充电。

请求孩子的帮助，并真诚地向他表达感谢，让他知道，再小的生命，也有力量去帮助他人。

或许当我们身心疲惫的时候，内心深处都循环播放着一个声音：你要坚韧，你必须坚强，你不得不这样……与其因为疲劳而堕入自怨自艾的困境，不如冲出这个负面循环，换个人生脚本，用新的方式，演示给孩子，告诉他们如何幸福地爱自己，爱他人，爱我们的生活。

第2章

反挫：化"危"为"机"的积极沟通

人的一生，会有细腻温情的平静，也有波谲云诡的激荡，有意气风发的骄傲，也有造次颠沛的困顿，只是时间和呈现方式不同而已。

而面对其中的挫折、困难、冲突、矛盾，正是让孩子思考"我是谁""世界是怎样的""我与他人是怎样的关系"这一系列人生命题的重要契机。

我们应该庆幸这些时刻的来临，因为正是有了这些机会，我们才可以引导孩子去洞察、去理解、去正向思考和积极应对，去发展更有力的心智模式、更健全的人格和价值观体系。

第1节

早点儿遇见挫折，
也是人生的一种幸运

美国作家唐纳德·米勒在《走一千年，行万里路》一书中写下：

"在生命的旅途中，我们其实都在创作故事。事实上，假如我们所作出的选择，不能帮助我们写出一则精彩的故事，那我们的生活也将丧失意义……"

既然我们每个人都在书写故事，那么作为父母，作为孩子导师的我们，将如何在孩子面前书写我们自己的人生故事？

1　父母如何面对挫折，孩子如何面对人生

或许我们小的时候，都曾经看过迪士尼的电影《狮子王》，那只活泼可爱的小狮子——辛巴曾经唤起我们多少的怜爱和崇敬。在角马的冲击下，原本在父母怀里幸福快乐的它陷入了绝望，但最终战胜了惶恐，选择归来捍卫你为王者的尊严与荣耀。

这多么像我们每一个人的成长史。

最终引导辛巴战胜挫折的，是它的榜样——木法沙，辛巴的父亲，它爱护家人、勇挫劲敌，它就像夜空中最明亮的星，是辛巴的忠实守护者与生命指引者。

我们每一位父母，都是孩子天生的导师，我们的行为和言语就是对各种未知境遇最好的诠释。尤其是在面对错误、问题，乃至挫折时，我们的方式和态度，对孩子都有着决定其人格的深远影响，他将模仿我们，落下他人生故事中最重要的起笔。

遗憾的是，我自己也是经历了一场生死的考验后，才和孩子一起体会到：

挫折并不可怕，害怕挫折才可怕。拥抱挫折，它会使你更强大。

② 来一声"啊哈"，把"艰难"变得有趣

那是2012年6月23日下午，美国明尼苏达州，我一个人，在梅奥诊所等候间。

我看着苍白的天花板，苍白的墙壁，苍白的沙发，窝在这苍白的"监狱"里，感觉自己的生命也苍白无力，离死亡好近好近。

在过去的7年中，我多次被疑诊为肠结核、克隆病乃至小肠癌。当反反复复的治疗毫无起效后，我们全家飞越太平洋，求医于美国梅奥诊所。

此时，先生带着孩子们去帮我办理诊疗手续，随即，我将开始新一轮入院、检查、治疗。我又将遭遇双手双通道输液，每天抽血十多管，核磁、PEK……那些无边无际的折磨。看着手上的伤痕，那个因为做PICC而留下的黄豆一样粗的针孔（PICC，一种经皮外周静脉插入，长约80厘米，顺血管直达心脏的管道），我仿佛此刻已经被绑架在病床上，被这混沌的思绪绞杀，被这白色的房间埋葬。

而这时，却传来微弱的、轻快的钢琴声，若有若无，好像倔强地想要冲破医院里这沉重的气压……

医院怎会有钢琴声？

我寻着琴声，穿过一条窄窄的小径，眼前突然出现一个大堂，空旷、明亮。琴声是从大堂一角传来的，那里有一座黑色三角钢琴，我拖着我的身体慢慢地靠近，我看见钢琴后面有一位七八岁的男孩。

阳光从他的背后穿入大厅，他仿佛是被阳光拥抱着、恩宠着的天使。他微蹙着眉头，侧着耳朵，好像要把每一个音都听得清清楚楚，不容它们悄然划过。

"多好啊！"我忍不住感叹，"是学校派来的志愿者吧。"我自言自语，艳羡着。

"不，这是安东尼，我儿子，他在这里住院，治疗白血病。"

我扭过头，旁边是一位和我年龄相仿的母亲，她微笑着看了我一眼，又迅速地将目光落在她儿子身上。我感到她眼中好像有一丝丝无奈，但不知道为什么，我分明察觉到，她眼里更多的是欣喜与慰藉。

"哦，孩子需要在病房好好休息啊。生病还要弹琴，孩子太累了吧？"

"不会啊，你没发现吗？他特别快乐呢。而且大家都非常喜欢他的琴声啊。"

我环顾四周，病人、家属，还有义工们，他们微笑着，安静地站在这里，他们那么从容、那么自在地享受这一刻。而这音乐的轻盈，这流淌着的温暖，原来都源于这个身患绝症的孩子此刻的快乐。

不知什么时候，孩子们和先生都来到我身边，童童小声地告诉我，护士说，每天下午这里都有病人在演奏，有的时候是萨克斯，有的时候是大提琴……

先生和孩子们扶着我，在大厅角落的沙发上坐下，很奇怪，我们之间不再有哀伤和悲苦的气压，饱满的琴声好像呼唤着心里的某个东西在一点一点向上跃动。

接下来，我们一家四口有了一次最难忘、最特别的对话：

"童童涵涵，妈妈病了这么多年，以前总以为自己是一个濒临绝望的病人，但是今天，看见那个小朋友和他的妈妈，还有现场那么多的病人，我特别欢喜，好像有个声音对我说'啊哈，太棒了'。"

8岁的童童和7岁的涵涵似懂非懂地看着我，这个"啊哈"让他们感到有些奇怪和陌生。

"童童涵涵，这或许是我们家庭中最重要的一段经历。妈妈并不确定我的病是否能痊愈。但是，如果我们和以前一样，把它认为是挫折，是不幸，我们可能会感到越来越痛苦悲伤，越来越无能为力。但是，如果我们就把它作为一段旅途，或者说一次旅行，我们会不会对自己说，啊哈，太棒了，我们接下来可以玩些什么？可以收获些什么？"

孩子们有点儿诧异，然后开始了一点点的尝试。

"妈妈，我想参观楼下的博物馆。"涵涵低声、怯怯地说道。

"妈妈，我可以借轮椅推你去，我刚才仔细观察了，这个轮椅很特别，可以爬楼梯，还可以自动上车。"贴心的姐姐——童童有了新的发现。

"妈妈，我们还可以推你去医院外面，有好多的蒲公英，比国内的都大，我们一起吹。"涵涵的声音开始明亮了。

"童童涵涵，医院附近有一个洗衣房，里面并排放着几十个洗衣机，以后，谁和我去洗衣服啊？"爸爸也被孩子们的快乐点燃了。

"我，我啊！啊哈，我还要学煎牛排，等妈妈病好了，我要做给她吃。"

我们一家四口就这样兴奋地讨论着。原来从悲伤失望的坑里爬出来，看看更广阔的外面，居然有着繁花一样多的快乐和惊喜。

我们约定好了，如果感到悲伤和难过，就用"啊哈"的欢呼声来提醒自己，去看到那些美丽、幸福的花朵。

从那一刻开始，我不再觉得自己是那个凄楚可怜、挣扎在死亡线上的病人，我觉得我是那么的富足，那么的快乐。原来，我们每个人，每时每刻都拥有"啊哈"的好运气。或许，我们无法改变经历，但是我们可以定义经历带来的意义。有些无法预知的力量会夺走很多我们视如珍宝的东西，但最昂贵的，我们定义生活的权利和自由，却一直牢牢地掌握在我们的手心里，谁也无法将它拿去！

从此，我们很少长吁短叹，烦闷时，"啊哈"会提醒我，我会拿出检查单，和孩子们一起数里面有多少个"+"，多少个"-"，然后把检查数据混在一起做数学题。

孩子们不再像过去一样，和我一起去揣度，去担心这是什么病。把这一切都交给医生吧。我们只负责像魔术师一样，来一声"啊哈"，把当下的每一刻都变得快乐有趣。

我负责吃味道古怪的各种药物并猜测疗效，孩子们负责查字典，看我猜的是否正确。当然，猜对了，可以得到一颗糖。

孩子们还真的借来了轮椅，推着我穿过铺满阳光的走廊，猜测着路过的朋友的国籍，然后用英语、西班牙语、法语、希腊语、德语，说一串"啊哈，你好"，我看见每个人转过头的微笑，我在那个微笑里，感觉到我们成了最耀眼的那道阳光。

一个月以后，检查结果出来了，不是癌症，是四种肠胃疾病混合在一起。孩子们关切地问医生："妈妈病好了，可不可以吃火锅？"当医生不明就里，孩子们用蹩脚的英文解释火锅，比画出辣得跳脚的动作，大家笑成一团时，我感觉，幸福因为这次疾病而大大地增值。

原来，生命就是一场又一场的"啊哈"游戏。每一次挫折，都是一次羽翼渐丰的机会。唱着啊哈，变着思维，鼓着勇气，我们前行，终能邂逅生命本有的幸运。

③　反过来看，挫折就是机会的代名词

从美国出院后，我一直在思考，是什么让我对疾病有了不同的体会，是医生的诊疗吗，不，是我改变了对挫折的定义。

当我像曾经过去的七年，把挫折定义为困难、失败，它便是让人痛苦的、绝望的。我和家人们就会笼罩在绝望情绪的阴霾里。

当我把它定义为际遇、幸运，甚至是创造的机会，它便让人感到如此快乐、喜悦。想想这些词吧：享受、珍惜，这里无不充满荡漾人心的、让人兴奋的气息。我和孩子们发现，原来，即使是挫折，也可以有不同的定义，让人体验到不同的感受，我们可以把医院当成游乐场，我们可以把这段时间当作成长训练营的特训，我们可以在这里创造美妙与奇特的漫游记。

美国作家乔纳森·海德特说："在生活中，成长的关键，并不是乐观本身，而是从可怕的经历中吸取意义，这样才能够推动

积极作用的发生。"我的家长学员们也曾在课堂上哀叹从小到大遇到的挫折和难题，我请他们拍拍自己的脑门，对自己说一声"啊哈"，然后问问自己，在这些挫折里，是否享受到了人生最大、最快的成长？

从挫折到成长，只是一个"啊哈"的距离

家长	挫折	成长
米虫	小时候妈妈因车祸卧床养伤，爸爸回老家安排转业工作，哥哥高中寄宿	那两个月，我中午一下课，就狂奔回家，听妈妈在床上指挥，淘米洗菜，东北的冬天，零下十几度，我每天都跑得汗流浃背两个月没有迟到一次，我学会了洗衣、做饭、看护病人
萧宇	因为家里穷，交学费也愁，妈妈用钱来控制我的生活，成绩达标才交下一期的学费，否则休学	我明白了，钱是很重要的支持方式，我现在经济可以独立，也扶助了弟弟妹妹，同时也鼓励我们自己和我们的孩子多读书，因为学习是那么的珍贵，来之不易
雯雯	先生总说我做菜不好吃	我研究菜谱，也邀请闺蜜们来帮我尝菜，现在我学会了做菜，而且做的果酒也成了我送亲朋好友的佳品
婷婷	婆婆有些挑剔，说话不太考虑别人的感受，要求也高	以前不会做家务的我，学着把家里管理得井井有条，把孩子也培养得有礼貌，习惯好，多才艺，婆婆现在特别认可我，说话的时候，也开始注意我的感受啦
歪歪	我得一个人先到陌生的城市工作两年，把两个孩子的照顾任务交给先生	我坚持写了半年的育儿笔记，留待我走后他参考。这段时间，他也积极地进入到全力带娃的状态，我感觉我们一家人的联结更加紧密了

如果我们只看到挫折，我们就会灰心丧气，但是我们一旦在挫折中看见成长，我们就会从心底涌出满满的力量。

同样，如果我们的孩子也面临这样的处境，甚至开始抱怨、泄气时，我们是任由他陷入挫折，还是引导他去看到，这其实正是成长的良机？

挫折和机会之间，只有一个"啊哈"的距离

挫折的局限	啊哈，原来这正是成长的机会
我天生擅长文科，没有什么数学思维	这恰好可以让我的大脑更发达
这么用功，也才刚刚及格	看来只要我努力，就会有回报
我太容易灰心了，可能我天生就是个悲观的人	我刚才有点儿泄气，好吧，让我来学习一下，如何能够变得积极开朗一些
老师又批评我了，他对我不看好	老师在关注我呢，她在想办法帮助我
他们都笑我个子矮小，怎么办？这是遗传啊	拿破仑也就一米六，这证明成就和身高没关系

原来挫折只是机会的代名词，挫折和机会之间，只有一个"啊哈"的距离。

其实，不只是巨大的困难才可以称为挫折，我们生活中那些点滴的问题、错误、困难，甚至失败，都只是暂时的挫折而已。

抓住这些机会，我们都能在其中找到滋养我们的营养剂。

在那之后，我的孩子们也遇到了各种挫折，小到迟到了不敢向老师解释，大到学习成绩的一落千丈，从丢失了贵重的玩具，到参加DFC全球儿童创意挑战赛中遇到的困难，我们都能够一起去体会到，这所有的失望、不满、愤怒、痛苦，甚至是来自他人的抱怨、批评、指责都是"啊哈"带来的好东西，因为正是它们确认了挑战的存在，而征服挑战，正是成长的好时机！

一旦建立了"挫折即机会"的思维模式，那么我们和孩子就成立了同盟军，面对挫折，我们不再相互推诿，我们就有了好奇心和一致性。我们一起聚焦在经历中拥有的部分、积极的部分，并合力前行。

我们把聚光灯投向哪里，哪里就会更光明。

☆ 练习4："啊哈"的游戏，教你积极面对挫折

崇琮爸爸收到了老师的短信："孩子已经第三次没有交作业了，我刚问他，他说忘在家里了，请爸爸好好教育。"

崇琮爸爸感觉心里的小火苗腾腾往上跳："这孩子，真糟

心！这次要狠狠教育他，让他记住这个教训！"

在回家的路上，爸爸的愤怒慢慢地平息，他想到了课堂上的"啊哈"游戏，他问自己："如果我换一个方式处理这件事呢？如果我按照老师的引导，回答这三个填空题，结果是否会不一样？"于是，崇琮在心里默默地写下了答案。

情境：当孩子三次把作业忘在家里，而不是交给老师的时候。

加上一个惊喜词：啊哈！

机会：正好，我可以和孩子讨论怎样收拾书包，还有学会向老师表达道歉的方式。

当这样一句话在崇琮爸爸心里闪现的时候，好像有一种神奇的力量推动着爸爸从愤怒走到了惊喜，他浑身充满了干劲儿，期待着马上回到家里，和孩子一起来探讨各种花式收拾书包的方法，以及和老师真诚道歉的语句。

我们再来看以下两个案例，家长们是如何把危机变成时机，把挫折变成机会的。

<例1>

情境：当孩子被指责偷了同学的铅笔，被全班嘲笑的时候。

妈妈曾经的反应是：

老师为什么冤枉我的孩子？如果实在不行，只能转学！

带着关键沟通的意识，妈妈可以这样做。

加上一个惊喜词：<u>啊哈！</u>

机会：<u>这是一个和孩子共同面对挑战的好机会，我们要一起度过困难时刻！</u>

<例2>

情境：<u>当孩子改了又改的作文，老师依旧不满意的时候。</u>

妈妈曾经的反应是：

算了，他没有语文的天分。我帮他写一段吧。

但是，带着关键沟通的意识，妈妈可以这样做。

加上一个惊喜词：<u>啊哈！</u>

机会：<u>好机会，我可以找到语句中的亮点，让孩子意识到他</u>

可以写出合格的作文。

接下来，请你在遇到孩子的挑战时，大胆尝试。

情境：＿＿＿＿＿＿＿＿＿＿＿＿＿＿＿＿＿＿＿＿＿＿

加上一个惊喜词：＿＿＿＿＿＿＿＿＿＿＿＿＿＿＿＿

机会：＿＿＿＿＿＿＿＿＿＿＿＿＿＿＿＿＿＿＿＿＿＿

在练习之初，我们可以借助"啊哈"游戏法来提醒自己。一旦我们习惯成自然，我们就能够自觉应用，面对挫折，即使不说'啊哈'，它也已经浸润到我们的骨子里，变成了和孩子间自然对话的方式。

最后，来个温馨提醒：切勿轻易放过那些看上去让我们很头疼的话题，抓住它，开启它，让它成为给孩子带来成长和收获的幸运时机，因为它可能是形成一个观念、养成一种智慧、启发一种思维的机遇。如同小说《波莉安娜》中的那首诗歌所写的：

请相信每朵乌云

都镶着一道闪亮的银边

生命不是仅仅活着

仅仅会呼吸

用爱去寻找乐趣

每个困难都有意义

以爱维系

不幸的开头也会以奇迹结局

小小的烦恼不是悲剧

别忘记做一做

幸福游戏

第2节

成长背后，
哪个孩子不是一路摸爬滚打

担心失败，惧怕困难，这样的心态永远比缺乏知识和技能更可怕。因为在小心翼翼、避免失败、逃离困难的同时，我们的孩子会失去探索自己的机会和勇气。

① 别让失败和指责，联手一起把孩子打趴

小欧父亲在朋友的介绍下，带着14岁的孩子来到了我的办公室。在交谈中，父亲滔滔不绝地诉说着小欧的种种"失败"与"无能"，当我告诉小欧，我想听听他的想法时，小欧低头不语，我决定从他最感兴趣的篮球说起。

小欧听见篮球，抬起了头，往父亲的方向偷偷瞥了一眼，欲言又止，不敢开口。我提及了两个篮球明星的名字，问他知道吗，小欧犹犹豫豫地点点头，随后又小心地看了父

亲一眼，张了张嘴，又停了下来，好像用了很大的努力在遣词造句，感觉那些词语有着极大的危险性，一不小心就能引爆房间里紧张压抑的空气。

小欧的父亲两只手不停地来回交叉，握成拳头，我起初不明白这动作的含意，后来我发现，只要父亲的动作频率慢些，小欧就显得稍微放松一点儿，一旦频率加快，小欧马上坐得非常标准，脊背直得像紧绷的弓弦。

面谈才开始十分钟，我便觉得快被这闷热的氛围给憋出病来，我打开窗，回头问小欧父亲，他来回交叉着手握成拳头是什么用意。

哪知小欧父亲竟然一下弹跳起来，好像我那沙发有着蹦床的超能力，他面对着小欧斥责道：

"这个问题都答不好，你还有什么能耐？

"平日不是超爱篮球吗？也没见你挣到控球后卫！"

"整个队就数你技术最差，又不用功，你就是个大写的失败……"

小欧马上低下头，不语。

面对父亲的指责和断言，小欧看上去好像能够平静地接受和忍受，但我从他的眼神中，看到了他的惶恐、无助。

失败对于孩子，本身就是一个难以逾越的挫折，可是作为家长，怎么可以忍心拒绝对孩子施于援手，反而加之呵斥和羞辱？

失败并不可怕，可怕的是，失败和父母的指责联手，一起把我们的孩子打趴下！

被打趴下的孩子，他们的精神已经坠落到低处，伏在地面，低垂着眼睛，他们将如何看待自己，以及自己所处的这个世界？

小欧

- 感受

  恐惧、紧张

- 想法

  对自我的觉察：无能、无助

  对他人的看法：无理、冷酷

  对事件的态度：拒绝、抵触

  对世界的认知：灰暗、悲惨

- 采取的行动

  逃避、躲藏

一旦孩子被打倒在地，他就很难有勇气、有力气去达到"会当凌绝顶，一览众山小"的见识和格局，他只能蜷缩在角落里，亲近无望和灰暗，给自己捏造一个个比事实更庞大的困难和障碍。这种盲目的悲观心理，恰恰来源于父母的沟通模式带给孩子的混乱和恐惧。

② 犯错，是人生送给孩子的"礼物"

面对失败，家长的不同选择，就可能让孩子得出不同的结论：

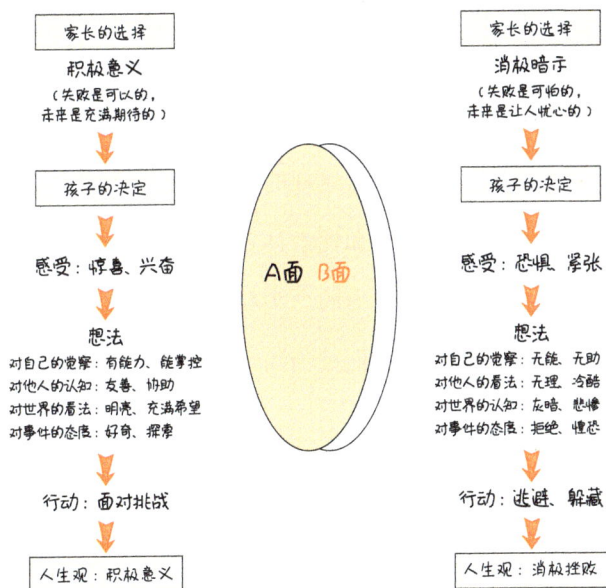

我们需要明确，经历只是经历，无论它是以失败、成功还是其他的形式呈现，关键在于我们把焦点放在哪里，我们选择如何看待这份经历。

这里有两个不同的公式，即使在同样的经历中，我们也可以带领孩子，做出不同的选择：

消极挫败 > 积极意义 = 恐惧

积极意义 > 消极挫败 = 勇气

作为父母的我们，如果选择第一个公式：

消极挫败 > 积极意义 = 恐惧

那么我们的孩子也会构建这样的人生观，由此产生的恐惧心态会把与生俱来的精彩创意和探索计划扼杀在大脑里，最终，他们的选择会越来越狭窄，努力的念头和空间也越来越微弱，他们就可能成为我们最不想让他们成为的那种故步自封、毫无进取心之人。

如果我们尝试选择第二个公式：

积极意义 > 消极挫败 = 勇气

那么孩子在我们的引领下，就会构建积极意义的人生观，逐渐养成"我可以，我能，我行"的心态。这种心态就是美国著名心理学家阿尔伯特·班特拉所提出的"自我效能"理念。

经历失败，这是童年赋予我们的特权，我们可以用小小的代价换来大大的收获。

从失败中寻找积极意义，就是童年赠予每一个人的人生大礼。

如果我们和小欧的父亲一样，也曾将自己和孩子关闭在消极挫败的房间里，那么现在站起来，拿着这把积极意义的钥匙，打开这扇门走出去。从习惯的、指向恐惧的思维方式中走出去，跟随美国法学家奥利弗·温德尔·霍姆斯的脚步前行。他曾智慧地为我们指出：这个世界的伟大之处，不在于我们的现状，而在于我们如何选择前进的方向。

3 **让孩子充满勇气，把困难变成逆袭的跳板**

我的女儿童童回国时，插班到五年级下学期，但是她五年级上学期没有读过，全新的功课让童童灰心丧气。那天放学刚回到家，她便红着眼睛，开始向我抱怨："妈，都是你的错，国内国外两头跑，让我一会儿这里读书，一会儿那里读书。低年级还好，高年级了，数学我完全听不懂……"

我知道书写是一种非常好的放松方式，所以，我拿起桌子上的一张纸，让童童把她遇到的困难一条一条写下来。看着童童写的几大条，我忽然想起曾经有位哲人说过，如果我们让大脑找出这是件坏事的原因，大脑很快就会列出充分证据支持我们的想法。我心中一动，那如果我们让大脑找出这是件好事的原因呢？

童童写完后，我让她吃了点儿水果，放松下来，然后翻到纸的另一面，问童童："那你再想想，这样两边读书，有些什么样的好处呢？"

童童写的是：

> 到处旅游很开心
>
> 敢问问题了
>
> 学了英语
>
> 认识了很多好朋友

我在这几个答案后面打了一个箭头，并问童童："这些好处让你有什么变化呢？"

童童写的是：

到处旅游很开心 ⟹ 觉得很幸福呀

敢问问题了 ⟹ 胆子更大了

学了英语 ⟹ 英语更好了

认识了很多好朋友 ⟹ 人缘更好了

我在这几个答案后面又打了一个箭头，并问童童："你的这些变化可以怎么帮助你呢？"

童童写的是：

到处旅游很开心 ⟹ 觉得很幸福呀 ⟹ 不开心的时候想幸福的事情

敢问问题了 ⟹ 胆子更大了 ⟹ 不懂的就问李老师，一直问，问到懂

学了英语 ⟹ 英语更好了 ⟹ 老师让我不做英语作业，我就有更多时间学数学

认识了很多好朋友 ⟹ 人缘更好了 ⟹ 有不会的问题就问月月和小朱啊，她们都愿意帮助我

写完之后，我问童童："现在你感觉怎么样呢？"

童童笑嘻嘻地说："很好呀，我知道该怎么办了。"

虽然我的三个问题非常简单，但是它基于以下两个原则：

● 将关注焦点转换为积极意义；

● 找到通往成功的起点。

通过这三个问题的引领，童童就选择创造了A面，一个具有积极意义的自我、他人与世界。

记得《德伯家的苔丝》的作者，英国大作家托马斯·哈代曾经说，人生意义的大小，不在乎外界的变迁，而在乎内心的经验。

所以，如何帮助孩子获得在各种境遇中的经验，是我们家长的大课题。

正如在这个案例里，一旦我们帮童童找到了"探索""好奇"这样的体验，无论接下来的尝试是否成功，这种体验本身都会成为一种兴奋剂，它能够激发孩子心里的期待和愿景。一旦孩子拥有了大目标、大计划，他就有了放手去干的勇气。

后来，童童的数学老师告诉我，童童每天放学就待在教研室，一逮着老师有空就问问题，所以期末考试时，童童的数学考了全年级第一。

☆ 练习5：用一个箭头游戏，教会孩子在失败中探索机遇

如果你愿意，请和我一起用这个箭头游戏，帮助孩子探索失败中的积极意义。

游戏分为以下三步。

第一步：请孩子写下或画出这件事情的经过。写作、绘画和述说都是非常好的放松方式，千万不要略过哦。

第二步：邀请孩子吃水果或者少量糖果，使他的心情保持愉悦轻快。

第三步：请参看前文所述的童童的案例，玩一次"箭头游戏"。

记住，用这句神奇的话来开启："这样的经历对你有怎样的好处呢？"放开手，别干预，让孩子浸润在思考里，找到失败中的良机。

我们来看看下面这个作品，这是和小欧充分沟通之后，我带领着他完成的箭头游戏：

作为替补队员的经历对你有怎样的好处？

可以看比赛 ⟹ 先假想战术 ⟹ 周末看视频的时候，研究NBA战术，科比的贴身防守技术要模仿

可以坐在队员后面 ⟹ 听他们和教练怎么讨论 ⟹ 偷师，顺便让教练也注意一下我

先悄悄练习 ⟹ 约张鹏早点儿来学校练球 ⟹ 模仿科比的贴身防守动作，等我练习好了，让他们大吃一惊

也请你和你的孩子一起来玩这个箭头游戏吧。在这个游戏中，孩子可以体会到：

最大的错觉就是失败即绝境。

在成长的道路中，无论我们面临怎样的际遇，请不要愤怒与失望，因为这会让我们掉入绝境。我们应该做的，是探索其中的积极意义，并把它转化为反败为胜的良机。

第3节

好的沟通达成目标，
坏的沟通纠结问题

爱因斯坦曾说，疯狂就是一遍又一遍做着同一件事，却期待不同的结果。我们曾经抱怨孩子不再服从于我们的教导，问问自己，是不是我们的教导时常纠结于寻找错因，随之而来的指责埋怨会让孩子备受打击？

如果我们不把重心放在原因，而是关注目标，是否就能够激励孩子去主动解决问题？想想"心想事成"这个词，如果时时心挂目标，这个目标是否就可能成为成功的预言呢？

1 目标导向，让我们确定沟通方向

去年7月的成都，狂风暴雨。我和一位朋友乐妈在家聊天，她的儿子乐乐兴趣班下课，乐妈担心下雨会导致路面交通堵塞，就提前用自己的账号和电话帮孩子订了拼车。可当拼车司机到达目的地时，他们俩却互相找不到。即使乐妈急得如热锅上的蚂蚁，在电话里批评孩子不带雨衣，不熟悉地形，又请求司机一等再等，但是孩子还是没有及时赶到。乐妈烦躁地埋怨儿子，同时又手忙脚乱地再次进行网络约车时，儿子冷不丁地来了一句："妈妈，为什么一定要坐网约车？"

"那不然呢？"

"我刚才看见了好几辆空的出租车，我好想招手，但是你又约了车。其实，我的目的是回家，为什么一定要坐网约车呢？"

"啊？"乐妈苦笑着说，"为什么我的脑子里都是问题，却忘了回家还有很多种方式啊！"

很多时候，我们是不是也和乐妈一样，思维堵了车或者跑偏了？一旦我们把关注的焦点转向目标，我们就会激发更多的灵感，有了选择的空间、行动的效率。

回想一下，当我们的孩子遇到问题，甚至是犯错的时候，我们常用的思路是怎样的呢？大部分人没有将精力和时间聚焦在寻找解法上，而是指责错误，纠结于问题：

"你为什么会出现这样的问题呢？"

"你为什么一错再错呢？"

"怎么就是你，而别人不会遇到这样的问题呢？"

……

我们会发现一旦开始关注问题，问题反而会越来越多。

建议父母尝试忽视问题，把重点放在目标上，以成果为导向，问自己和孩子："你的目标是什么？你到底想要什么？"

2 洋葱提问法，教孩子发现核心目标

梓炫妈妈接到老师的电话，说梓炫今天在学校和同学打架了。事因是梓炫正和同学讨论习题，晓润几次想插话，但是梓炫和同学完全沉浸在讨论中，晓润一急之下，反复拍打梓炫的胳膊，想引起梓炫的注意，但梓炫一回手，打在了晓润的脸上，晓润接着一拳过来，最后两个人扭打在地上，都挂了彩。

老师请梓炫妈妈帮助教育梓炫。怎么教育呢？是应该教他打回去，还是教他暂且忍耐？妈妈正在困惑时，梓炫回家了。

妈妈："梓炫，你为什么要和晓润打架呢？"

梓炫："他好讨厌，我不想白挨打！"

妈妈："那你也不能打人啊？"

梓炫："我不想让他以为我好欺负。"

梓炫妈妈有些无奈，但她忽然冷静下来，问了问自己：

"我的目标是什么？是批评他还是引导孩子构建良好的人际关系？"

梓炫妈妈有了答案，接下来，她决定尝试运用目标导向法，通过一个个问题，引导梓炫找到自己真正想要的答案。

"梓炫，你刚才对妈妈说了很多你不想要的状况，那现在，你能不能告诉妈妈，你今天的行为，是想要达到什么样的目的呢？"

"我想要……"梓炫还真卡了壳，"我想要我们讨论的时候，没有人打扰。"

"嗯，还有吗？"

"还有，我想要晓润知道这样不礼貌，我想要他道歉！"

"那你想要晓润道歉的目的是什么呢？"

"他道了歉，我才能够原谅他。"

"哦，那你原谅他，是为了什么呢？"妈妈穷追不舍，一层一层去寻找梓炫心中真正想要的结果。

"我原谅他了，我们才可以又可以成为朋友，一起玩，一起讨论问题啊。"

"哦，你喜欢和晓润玩什么呢？"

"撕名牌呀，上次我们俩配合得可好啦……"梓炫嘴角扬起笑意，津津有味地给妈妈讲起他和晓润的故事。

"哦，原来，虽然你们打了架，但其实你心里想要的仍旧是和他成为好朋友，对吗？"

"嗯，"梓炫有点儿不好意思，好像自己的小心思小秘密被发现了。

"梓炫，那你猜一下，晓润现在在想什么。"

"他呀，可能有些生气，也可能在等我道歉。"

"真厉害，原来你也能看穿晓润的心啊！但麻烦了，你们俩都想重新成为好朋友，但是都在等待对方道歉，怎么办呢？"妈妈两手一摊，一筹莫展。

"啊呀，妈你别管了，就算不道歉，我办法也多得很。给他带本《校园笑话》，下课的时候去搭个腔，踢球的时候和他一队……"梓炫的眼睛忽闪忽闪，像小火柴一样，一下一下点燃着灵感的火花，新奇好玩的点子层出不穷，刚才对同学的抱怨也一扫而空。

　　看到这里，或许你已经发现，如果孩子是跨栏运动员的话，那么栏杆就是问题，而终点就是目标。我们不必去纠结有多少栏杆，有多高多宽，一旦锁定目标，孩子就会冲出起跑线，凌空飞跃，从栏杆上轻轻跨过，仿佛身上长出了一对隐形的翅膀。

　　而案例中的妈妈让梓炫选择正确行为的关键，不是当裁判或者支个招，而是使用目标导向法，剥洋葱一般，让孩子跟随问题，一次又一次思考，去校准他心中真正想要的目的。

　　孩子最后找到的目的，并不是一拍脑门时想到的"打回来"，而是心底真正的愿望"做朋友"。

　　可见，目的一改变，行动自然变。

③ 把目标变成"外号"，让目标时刻被看见

　　我的儿子涵涵暑假练习游泳，我给他取了个外号，叫作"××圈先生"。目标是从60分钟30圈，到75分钟60圈，他的名字就从30圈先生，变成32圈先生，然后35圈先生，36圈先生，38圈先生……到60圈先生。

这个外号有以下几个好处。

✔ 让他看得到成果。

这里的成果不仅仅是游泳距离的增加，更重要的是随着数字渐长的坚毅力。

✔ 让他看得到过程。

体会达成目标的过程中，心态和感受的变化，这一次一次突破极限的体验，可以迁移到以后的学习和生活中。

✔ 让他看得到挫折。

看到在通向目标的道路上，我们也会有暂时的后退。如同起跳飞跃先得倒退几步一样。暂时的倒退很正常，那是为了即将到来的起飞养精蓄锐。

我们可以随时留意，在和孩子的互动中处处应用成果导向、目标意识。这样的信念一旦确立，我们随之而来的教育风格也会产生巨大的改变，我们将不再急于指导教授，而是让孩子挖掘自己的能力和资源，唤醒他内在的灵性和抗挫力。

☆ 练习6：三个旗帜，指引孩子向目标前行

如何在生活中，循序渐进地让自己和孩子都养成成果导向的思维方式呢？我推荐三个旗帜，它们将带领我们向目标前行。

旗帜一：标志提醒

希奥和爸爸一起，在家里的电视柜上最醒目的地方，放上了一个小红旗。如果陷入了努力找原因的困顿里，它可以提醒我们，我们的重要目标是什么。只有关注未来，我们才可能离目标更近。

当然，我们也可以挂上标靶或者海报，以及运用汽车上的GPS，将它们作为目标的象征。

旗帜二：愿景想象

每天晚上，梓炫妈妈和孩子临睡前，都会用一分钟想象第二天最美好的愿景。有时是早起到教室迎来的老师的微笑，有时是做完教室清洁后看到的窗明几净，有时是和爸爸下棋，大获全胜。第二天起床时，就元气满满。

因为，美好的愿景就是我们期待达成的目标。闭上眼睛，想象自己目标达成，去感受这种满足的感觉，去提前享受这种充实带来的幸福感。

旗帜三：身份确定

你有没有发现，人一旦被定位为某个角色，他好像自然就会有这个角色的风范，承担起这个角色的部分责任。就像你的同事升任了领导，说话都带有领导味儿；你的闺蜜一上谈判桌，就从那个腻歪小女人变成妥妥女强人。如果身份可以改变一个人，为何不依照目标，给孩子确立一个新身份？

我的儿子涵涵不太爱做家务，他智慧的班主任余老师，就安排他做了清洁部长。听说他工作特别认真负责，有时回来还告诉我，他是如何安排三个小组分工，他是如何用了半小时，亲手把掉在地毯上的纸片一片片捡起来。

所以，如果我们指责孩子的缺点，那么孩子会越来越烦，缺点好像也越来越多，但是如果我们给他在目标的地方安排一个席位，他每天就会朝着目标努力，和目标靠近一点点。

第3章

观察："评价"引发沟通危机，"观察"才是正解

在生命之初，孩子通常是如何认识他自己呢？毫无疑问，从家长的反馈中认识。如果我们对他说，你是好的，他就会认为自己是好的，即使有时他并不知道自己好在哪里。如果我们对他说，你是坏的，他也会认为自己是坏的，甚至会否定自己对这个断言的怀疑。渐渐地，孩子就活在了家长的评价里，模糊了自己。

当他逐渐长大，开始尝试找回真实的自己时，并尝试发出不同的声音时，却被家长驳斥为"叛逆"。

所以，当家长想对孩子以及孩子所做的事情做出一个评价时，可不可以先小心翼翼地问自己："我说出的话，是否是真的他？我说的这件事，是否和真相一致？"

第1节

孩子早早放弃努力，
往往是因为家长的话语

> 语言是一种创造性媒介。我们说话的方式，能够治愈或伤害，创造喜乐或痛苦，最终会决定我们幸福的程度。
>
> ——桃乐思·梅娃博士

① "主观视角"是孩子与父母针锋相对的导火索

"孩子现在好安静，不闹腾了。或许在房间里看书？和洋娃娃说话？终于长大点儿了。"

苗苗妈收拾着孩子随手乱扔的沙发垫和玩具，时不时将一把散落的碎发。"所谓岁月静好，不过如此吧。"终于收拾完了，苗苗妈直了直腰，"可以回卧室躺躺，感受一杯茶一本书的小幸福。"想到这里，苗苗妈不由得笑了。

推开卧室房门，眼前的一幕令她霎时目瞪口呆。床上一堆青菜叶黄瓜段，护肤水小瓶倒在旁边，奇怪的味道拂之不去。床沿还有水滴和着"呼呼"的空调声，均匀地滴答着。"苗苗!"妈妈下意识地叫了一声，视野的边缘，一个5岁女孩转过来，乱糟糟的长发，额头上粘着绿色的菜渣，孩子粲然一笑："妈妈。"

刚用半瓶的护肤水，一塌糊涂的床单，挂在孩子邋遢脸上的笑容……这一切以迅雷不及掩耳之势粉碎了妈妈卧榻闲读，岁月静好的美梦。太阳穴隐隐传来阵痛。接下来，她面临两个选择。

A选择

妈妈："苗苗，你弄得乱七八糟的，怎么办呢？"

苗苗："不乱啊。我把青菜整整齐齐地放在菜板上切的呢！"

妈妈："如果你总是这样，妈妈会收拾不完的呀。"

苗苗："我没有啊，你怎么总是说我？"

妈妈："妈妈一接到你，就忙个不停，妈妈好辛苦的，你能不能懂事一点儿？"

苗苗："我从幼儿园回来时，向隔壁王爷爷问了好，你还说我乖。"

妈妈："你看，你看，地板上都是水。"

苗苗："妈妈，没有全都是啊，只有几滴，我们来数嘛。"

"你还要数？！"说一句，顶一句，妈妈感觉肺都要气炸了，"你给我把这堆乱七八糟的东西扔出去。"

"哇——"苗苗哭了，"我不要你，你这个坏妈妈。"苗苗扑上来，把妈妈往门外推，战争开始了……

或许类似的情景不仅出现在苗苗家，也可能出现在我们自己家里。

是什么点燃了战火，制造了战场？是什么让孩子感到挫败，让自己感觉沮丧？

是语言！我们会发现，有的时候，我们并没有和孩子并肩解决问题，反而是从"主观视角"出发，运用不恰当的语言，给孩子制造了人为的麻烦。

你看，当苗苗妈妈说出"乱七八糟""总是这样""一……就……""都""能不能懂事一点儿"这几个微妙又敏感的词的时候，事件就跟随语言的引导和暗示，变得越来越糟糕，让孩子越来越烦躁。

B选择

苗苗妈妈心疼床单和护肤水，又为即将面临的打扫工作头疼不已，感觉自己心里好像埋了一包强力炸药，引线开始火星四溅。她觉察到现在并不是沟通的最好时机，她需要时间和场地给自己一些支持。

当苗苗喊出"妈妈"的时候，她对苗苗说："等我一下，我马上回来。"妈妈来到了卧室，运用转化消极情绪的三个快捷键，进行自我倾听和静心疗愈。3 分钟以后，妈妈感觉自己已经准备好了，于是她回到卧室。

她决定尝试，只用观察到的事实与孩子沟通。

妈妈蹲在孩子身边说："苗苗，我看见床上有青菜和黄瓜。"

苗苗："妈妈，我在给你做面膜。这个面膜很好的哦，放心妈妈，我没有用小刀，我用手撕的。"

妈妈的心柔软了下来，她发现，当放下评判的时候，行为背后的良善和美好就会缓缓浮现。

妈妈说："旁边有瓶护肤水。"

苗苗："对啊，上次抹的时候你说这个有营养，所以我加到蔬菜里，蔬菜和这个水在一起，就更有营养了。"

"苗苗，这个床单两千多元，相当于妈妈七天的工资。菜汁沾在床单上，我感到有点儿心痛。"

苗苗："哦，那么多啊！"苗苗惊讶地用手掩住张大的嘴，"妈妈，那我们搬到厨房吧。"

妈妈："地上有五六滴水呢。"

苗苗："是我洒了一些水在蔬菜上，面膜广告说面膜要充满水分。"

妈妈倍加小心地呵护着苗苗的美好愿望，并征询孩子的意见："我觉得水对木地板不好，而且走来走去容易滑倒，你觉得呢?"

苗苗："我去拿抹布，妈妈你等一下。"

之后，妈妈和苗苗打扫了卧室，并且把面膜制作现场挪到了厨房。妈妈也给苗苗讲解了护肤水要直接抹在脸上才便于吸收，而不是混合在蔬菜面膜里。同时，妈妈还告诉了苗苗如何选择蔬菜，苗苗打算第二天尝试黄瓜面膜。

Ⓐ 选择	Ⓑ 选择
主观视角	客观视角
😤 你弄得乱七八糟	我看见床上有青菜和黄瓜
😣 总是这样	旁边有瓶护肤水
🙁 能不能懂事一点儿	2000多元相当于七天工资
😭 都是水	地上有五六滴水

在B选择里, 妈妈并没有对孩子做出任何关于"你"的评判, 她只用了描述的语言来表达"我"的观察。即使在说出自己想法的时候, 她也特别加上了"我觉得"三个字, 而且非常尊重地征询了孩子的意见。

这表明, 我说的并非真理, 我强调的只是来自于我个人的, 基于观察所产生的想法, 同样, 我也很期待你发表你的看法。这样的沟通带来的轻松和平和, 能够保护孩子的好奇心和创造欲。我们要知道, 当孩子着手去研究的时候, 就启动了自身潜力的开发之旅。

或许大家会疑惑, 孩子犯了错, 难道不应该制止吗? 但就如同这个案例一样, 很多时候孩子的"错误"其实并不是真正意义上的错误, 这种"犯错"是孩子自我开发、探索世界的过程, 也是他解决问题、战胜挫折的尝试。

而在这个过程中, 语言就成了特别奇妙的东西。如果我们放下主观视角, 运用观察, 孩子就能够无拘无束、自由自在地开启对事物、对生活的认知。但是, 非常遗憾的是, 在生活中我们更愿意选择评判, 可是它不但压抑了孩子的好奇心, 遏制孩子的抗挫力，而且，让我们原本温馨的家庭变成了谎言堆砌的地方。

② 不当评价让亲子沟通上演"真实的谎言"

看完上面的场景，让我们想想，在现实生活中，时常是选择了上文的A，还是B呢？而下面的情景，会不会让我们感觉有些熟悉？

妈妈："你太懒了，自己的房间也不收拾，像个垃圾堆。"

孩子："我就喜欢生活在垃圾堆里。"

妈妈："唉……"

一个倔强的眼神，一句无礼的顶撞，母亲那一颗想培养孩子好习惯的良苦用心，被这句针锋相对的反击刺得隐隐作痛。

爸爸："考得这么差，还要发脾气！有什么用？"

孩子："我发我的脾气，关你什么事？"

爸爸："你长期这样下去，将一事无成！"

孩子："那也比你强！"

父亲那一份想培养孩子抗挫力的激励策略,换来的却是唇枪舌剑,一触即发的"战争"。

是我们说的话不对吗?为什么孩子们不听呢?是不是因为我们所说的话,并不完全是事实,而是一种未被觉察的"真实谎言"?

请你判断一下,这两个片段中,父母说出的话语,是真实客观的描述,还是带有偏见的谎言?

难道我们的语言并没有表达我们的本意?

是什么微妙的东西让它一步步变成了谎言?

是我们常用的,评判!

一个词,一个字,哪怕是一个没有说出口、仅仅在脑中一闪而过的有关"评判"的念头,都可能让我们的表达失去它本来的真心实意。而我们所说出的"评判",因为并不符合孩子所认可的行为事实,就有可能刺激到孩子的情绪,成为他反抗、抵制行动的导火线。

当妈妈说"你太懒了，自己的房间也不收拾"；

当爸爸说"考得这么差，还要发脾气"；

或者，当我们质问"现在的孩子为什么没有我们那一代懂事"的时候，我们其实想要的是理解，是合作，我们的美好初衷是培养孩子的抗挫力，但很遗憾的是，我们眉头紧锁、忧心忡忡发出的信息，却是对孩子的否定和质疑。

那我们的孩子呢？他会认为你下达的结论就是事实吗？或许他的反应就表明了他的立场。

他可能会紧张，会委屈，他也想让我们体会他的感受，但他表现出来的可能是顶嘴、狡辩，也可能会愤愤不平地丢下一句来自他自己的主观评判"你只会骂人"，然后扭头而去。接下来，父母可能又陷入加剧的焦灼，甚至怒火万丈里。

为什么当对话开始的时候，我们不能用简简单单的、观察性的语言来说出所见所闻？

"衣服和裤子在床上，我还看见两只袜子。"

"你这次考了78分，比上次低了12分，儿子，你把卷子撕成两半了。"

"当我给孩子一些建议的时候，他回答我，他有他自己的想法。"

如果我们尝试用这样不掺杂个人想法的语言说话，是否更接近事实呢？是否能让孩子更容易接受？

现在，让我们再来思考一下，是这些事情本身让我们愤懑难平，还是因为我们对这件事产生的评判，让我们生气？

评判和我们的心意相符吗，它和事实一致吗？

它是让孩子更靠近、更理解我们，还是让孩子更排斥、更讨厌我们？

所以，我希望我们能够发现：

• 不恰当评判是造成我们和孩子之间隔阂的重要原因；

• 为什么我们一张嘴说出的，往往是"评判"，而不是事实？

③　人人都爱在沟通中加点儿料，怎么办

现在，我想邀请你假想进入我的课堂，你会看见家长学员们两两一组，像欢迎你到来的迎宾先生和女士一样，分列两队。我们暂时称呼他们为A队和B队。

你会看见，A队学员手里拿着一块胶泥，按照自己的意愿捏成一个形状后，扔给B队学员，B队学员拿到以后，再回掷给A队学员。你的目光会紧紧跟随这些胶泥，穿梭在A、B队学员之间。一来二去，几个回合下来，你可能发现，胶泥已经不复原形，变成了一摊烂泥。这是什么原因？

我们来分析一下，当胶泥在彼此之间传递的时候，力量的大小、投掷的角度、手掌的形状以及温度等是否改变了胶泥原本的形状？试想我们传递信息的过程，像不像投掷胶泥，双方会根据自己的阅历、价值观，特别是和对方的关系来解读信息，从而不经意地，在传递过程中按照自己的意愿，重塑了信息？

如何让我们的表达免受以上因素的影响，让它传递本意？如何让我们的语言去伪存真，化繁为简，成为对事情的真实反馈呢？

首先应做到如实的观察，只有真切的观察，才可能让我们真正地抱持着好奇，关注当下：在你面前的那个人，他做出了怎样的行为？他会有什么样的感受？我可以做些什么让他的生活更美好？

是的，我们找到了脱离评判的方法——观察！

然而观察并不是那么容易，因为在我们的沟通中，时时将观察和评判混为一谈。所以，让我们来迈开学习沟通的第一步，区分"观察"和"评判"。

- "观察"的释义：细察事物的现象、动向。

- "评判"的释义：对事或人物进行判断、分析后的结论。

注意了，"观察"是指我们将所见所闻具实陈述，它和事实更为接近。而"评判"是指我们聪明又繁忙的大脑，对我们的观察进行了过滤、填补，掺杂了个人观点的再创作。

看起来"观察"方便直接，"评判"更加麻烦，但是特别奇怪的是，在沟通中，我们常常放弃了简单的"观察"，而选择了更为复杂的"评判"。就像胶泥过手，感觉不加点儿自己的东西，就特别过意不去。这样的不吐不快，无法淋漓尽致地表达，让我们实在难以享受到直抒胸臆的快意。

☆ **练习7：测一测，观察高手是不是你**

或许，看到这里，你会好奇：我们的语言中，常常表达的是"观察"还是"评判"？让我们一起来做下面这个练习。

以下10道题，每道10分，共计100分。借助这个测试，我们来尝试区别一下哪些是观察，哪些是评判。

1. 前面那辆车停在路中间，司机没有公德心。

2. 孩子青春期特别叛逆，家长的话都听不进去。

3. 张老师笑着说："欢迎你就读我们学校。"

4. 张老师是个热情的好老师。

5. Cathrine，今天上班你又迟到了。

6. 9点上班，我看见你9:20走进办公室。

7. 童童的英文很好，能看懂美剧。

8. 童童的数学成绩是98分，英语成绩是90分。

9. 我的孩子盯着电视看，我喊他，他不理我。

10. 周三的下午，他给我打了一个电话。

答案如下。

观察3、6、8、10，评判1、2、4、5、7、9。

如果你得了90分以上，恭喜你，你是观察高手。

得70分以上，祝贺你，你具备良好的观察意识。

得60分以下，注意哦，你需要花点儿时间和精力来学习区别观察和评判。

或许你对答案有所质疑，为什么我们以为的观察实际上却是评判？它们如何被混淆？又有什么利弊？在后面的章节中，相信我们能够顺利找到答案。

第2节

要运用"观察"，
而不是"评判"

> 有时困扰我们的不是事情的本身，而是
> 我们对事情的判断。

① 父母的大脑里，住着一个法官吗

在一次课堂分享中，裴妈妈说自己有点儿懊悔，因为最近她打了孩子。我邀请她尽量用观察的语言，慢慢回忆整个过程，并且我要求她在20秒钟的时候停一下。

"我下班回来，7岁的女儿还在看电视，我喊她做作业，她也不听，我忍着没发脾气，我问她作业写好了吗，她还是不理我。我就冒火了，狠狠地打了她……"

"裴妈妈，时间到了，20秒。"我笑着打断她，"我怀疑，你生气可能不是因为孩子看电视的行为，而是在那个时候，你的大脑里蹦出来了一个法官，给孩子下了一个判决书。"

裴妈妈有些困惑。

"请你慢慢体会一下，当时，你的大脑对你说了什么话？

"我就是觉得这孩子太不守信用，也没有自制力。你看，说好看一集电视，结果我回来的时候，她还在看。"

"裴妈妈，如果你这么评判，就是把孩子当时的行为，解读成一个结论——孩子是个'不守信''没有自制力'的人，对吗？"

"是的。"

"仔细体会一下，裴妈妈，这里很重要，是孩子的这个行为，还是你的这个想法让你更生气？"

"好像是这个想法。老师，你是不是在帮助我梳理什么是观察，什么是评判？"裴妈妈若有所思。

"我认为，有些阻挡我们深入了解生命灵动性的字眼，需要谨慎采用，比如这个'是'字。

"当我们用'是'造句的时候，很容易跟上判断，而且不加时态。这里有点儿难理解，但很关键。我们一起来想一下，如果我们认为孩子'是'不守信的，'是'没有自制力的，是不是很容易把孩子某一个特定时间的行为，定义成他顽固不化的特性？"

听到这里，裴妈妈若有所思地点点头。

"把一个特性定义到一个人身上，其实是一件很糟糕的事情，它与事实不合，极大可能会遭到孩子的反感，最重要的是，定义特性对孩子成长有着深远的负效应，这个之后我会讲到。

"现在，我们再回到这个情景，我听到你说孩子'不理你'，这让你有什么感受？"

"我感到她特别不尊重我，我感觉很不舒服。"

"不理你，是你的观察，还是你对行为的解读？"

"好像是解读。这依旧是一个评判？"裴妈妈有些拿不定主意。

"是的，裴妈妈。你在'不理你'的这个评判上面又叠加了新的评判'不尊重你'。'孩子不守信用、没有自制力、不理你、不尊重你'，哇，评判已经够多的了，我们暂时把它放到一边。现在，你尝试用观察的语言告诉我，你看见她的行为是什么了吗？"

"她眼睛看着电视，手托着腮，回答了两声'哦'。"

"裴妈妈，观察更接近事实，事实只有一种。而评判、解读、诠释却有很多种。你刚刚用观察的语言说出她的行为时，你的感受怎么样？"

"我感觉好像没有那么生气了，她可能也不是不理我或者不尊重我，她有可能太投入，可能是有点儿害怕，心里在琢磨怎么答复我……"

"咱们一起来情景重现，你回家的时候，孩子在看电视，你问了她两声'作业写好了吗？'她手托着腮，眼睛看着电视，回答你两声'哦'。这个或许才是事实。无论你把这个行为解读为不尊重人，还是不守时，或者是不守信用，但是那些都是评判，不是事实。"

"我明白了，是我把事实过度解读或者说是扭曲了。"

"是的，当时的你表达的并不是事实，你和事实之间还隔着一重又一重的评判，事实有可能是激起你情绪的诱因，但它并不是造成你任何反应的决定性因素。"

看完裴妈妈和我的对话，你有没有发现，"观察"和"评判"，不同的沟通方式有可能让我们达成完全相反的沟通结果。

观察，让我们更加接近真相，让情绪趋于平和。而评判，特别是负面评判，无论是直接评价或者暗示别人是错的，都会让我们彼此心生不满。这样的沟通，不会让人由衷地为我们的快乐与合作做出贡献，反而会招来敌意和反击。

如何去表达观察呢？分享给大家一个特别简单的办法。

如果你喜欢用手机拍视频，那么想要表达事实的时候，可以回顾一下视频是如何播放的。没有背景音乐，没有旁白，没有评判，只有如实的记录慢慢流淌。

所以，从现在开始，我们可以尝试在平日的生活中，时时提醒自己，运用观察，剔除那些附着在我们思维中的，带有主观色彩的想法。

② 放下"评判"，孩子们才能减重前行

我们曾经都是孩子，如今也都成了父母。这一路走来，我们有没有发现，当孩子越小的时候，大人的话就越是权威，有时甚至一锤定音。就像前面的故事里，妈妈反复对孩子说"乱、总、都"等。有的时候，评判的语言就像绳索，把孩子的自我认知绑定在我们设定的框架里。

"妈妈说，我常常乱丢东西。"

"爸爸说，我总是爱乱发脾气。"

"外公说，我胆子小，一上台就又慌又乱。"

…………

见微而知著，如果我们长期运用这样的沟通方式，我们是否就为孩子以后的"无能""压抑""懦弱"埋下了沉重的伏笔？

现在，请你放下书，并闭上眼睛。你的耳旁，是否会像磁带循环播放一样，出现一个声音，这或许就是父母评判我们的时候，留下来的印记，它有的时候就像诺言一样，兑了现，成了真……

记得我小时候，母亲总说我动手能力不强，成年后我甚至一度不敢开车。而当两个孩子分别上两所不同的学校时，我才鼓足勇气学习驾驶。那时我才惊讶地发现，我在班上第一个考过路考，我哪里是那个动手能力不强的孩子？

回顾过往，我其实能做一桌好菜，也能够给自己化一个美美的妆，但是，我一直活在母亲"动手能力不强"的评判里，而从一开始就限定了自己。

我们的负面评判，就像一个带有主观意向的总结。孩子可能把这个总结当成了生命本质的定论，当他面对挫折时，失去了越过去的勇气。

如果我们能够告诉孩子，他无法被任何评判定义，他拥有一切的可能，即使是挫折，带给他的也不是限制和否定，而是探索真实自我和扩大能力边缘的机会，那么孩子就可能抛开各种评判，减重前行，扬起自己的生命之旗。

3　慢慢观察，让孩子看到人性本善

孩子在父母行为的影响中长大，如果孩子看到父母遇到挫折之后，是用评判性的语言指责他人，将责任推卸给他人，那么，这种语言方式，思考逻辑，也会进入他随身携带的"成长工具箱"。

如果孩子遇到不合自己意图的事情，他也会从箱子里拿出"评判"这个工具，来指责、拒绝以及否定他人。

"妈妈，我起床晚了，说好7点喊我的。你看你，说好的事情做不到，说话当耳边风！"

"老师，小明刚才撞了我，没有道歉，太没有礼貌了！我们不和没有礼貌的孩子玩。"

"爸爸，我没有找到好工作，你怎么一点儿忙也帮不上。又没人脉，又不会想办法，怪不得一事无成！"

孩子们只会给予评判：自己是无辜的，别人是不对的，是不值得信任和合作的。他们心存怀疑和抵触，忽略他人的初心和努力，更不愿意奉献自己的爱与诚。

而观察，就像打开了我们紧闭的心与心之间的窗户，让新鲜的空气透进来。孩子会看见：

妈妈是否有了更多的白发？

小明的球掉到楼下，他是不是特别着急？

爸爸刚刚放下了电话，轻轻叹气，他是不是鼓起勇气给高中同学打了个电话，却被拒绝……

当我们和孩子都感知到了对方的善意时，焦灼的内心就会变得柔软又开放，我们会停止指责，渐渐开始为对方着想。继而会一点点发现每一个生命内在的美好和善意。

原来，善，源自我们的内心；美，存于我们的身边。

这样的生活，这样的世界，难道不正是我们期待的吗？

☆ 练习8：简单六个字，说出你的"观察"

让我们勾选一下，我们曾经给孩子定下的评判，贴上的负面标签。

害羞、胆小、莽撞、爱发脾气、乱丢乱扔、没耐心、娇气、好哭、懒惰、骄傲、自卑、可怜、自私、爱打人、小气、不乖、不听话、不懂事、粗心、爱逞强、笨、拖拉、爱欺负人、不爱干净、不爱学习……

如果我们长期使用这样的"评判"，孩子会误认为这就是自己的特质，天生具有，一成不变，和自己浑然一体。而几乎所有的负面标签，都暗含着对孩子的指责，也无利于我们和孩子之间的关系。

学习之初，我们或许不知道如何一张嘴就去掉"评判"，顺畅地说出观察性的语言。但好消息是，我们可以向孩子学习，你会发现，他们的表达常常会以这六个字开始：

我看到 / 我听到

这是最简单，却又是最标准的观察语言，我看到，我听到，用这六个字，提醒我们，"观察"就是你实实在在用自己的眼睛看到的，用自己的耳朵听到的，例如：

用"我看见乐高积木块里，你放了一块奥利奥饼干。"

代替

"你怎么又乱丢东西，不爱干净，搞得家里一塌糊涂。"

用"我听见你刚才对妈妈说，你周六想去游乐园，不想去兴趣班。"

代替

"你太懒了，一说兴趣班，就想跑去玩！"

现在，尝试将你今天看到的，听到的孩子的行为和语言，用观察性的语言，写在下面。

我看见＿＿＿＿＿＿＿＿＿＿＿＿＿＿＿＿＿＿＿＿＿＿＿＿

我听见＿＿＿＿＿＿＿＿＿＿＿＿＿＿＿＿＿＿＿＿＿＿＿＿

第3节

三大工具，帮父母将"评价"转向"观察"

不带评论的观察，是人类智慧的最高境界。

——克里希那穆提

1 摄像眼，看到朴素的事实

童童涵涵儿时就读于两所不同的学校。那天，我得先送童童再送涵涵，眼看快迟到了，心里特别着急。

童童的学校位于市中心的繁华地带。为了避免拥堵，我们选择抄小道。但运气很不好，前面有一辆小红车居然停在了路中间，紧跟在后面的几辆车猛按喇叭，但是小红车无动于衷。我不由得锤着方向盘，着急地说："这个人怎么这样啊，上下车要靠边啊。怎能只图自己方便！"

"妈妈，万一是车子熄火打不着了呢？像你上次一样，司机该多着急啊！"童童稚嫩的声音响起来。

"对啊，万一他的两个孩子在后座打起来了呢？像我们上次一样。"涵涵接着补充。

我顿悟："对啊，我都无法看到小红车里面发生了什么，我怎能凭空揣测，妄加评判呢？"

我们都曾给孩子讲过盲人摸象的典故——片面的揣测，就以为大象像柱子、蛇、蒲扇，未见整体，怎知全貌？在生活中，我们是否也时常落入"盲人"的境地？

在这个场景中，我给予的"评判"是，这个人怎么那么没素养啊，上下车靠边啊。只图自己方便！当我这样评判的时候，我能确认这真的是事实吗？评判除了让我烦闷急躁，并对素未谋面的司机生出些抱怨来，对我的生活，没有半分的补益。

还记得我们在上一节中讲过的视频观察法吗？如果当时的我，能够运用摄像机一样的眼睛，只是播放我看到的，没有凭空的猜测和擅做的评判，那我看到的是：

"前面50米左右，有一辆小红车停在路中间。"

当我这样表达时，或许就会对发生的事情多了一份好奇和关切，心态多了一份平和与淡定。

回想在生活中，我们也时常未曾观察全面，就妄下结论：

孩子没按时回家，埋怨他贪玩；

考试没考好，指责他不努力；

事情搞砸了，归咎于没有提前想办法。

评判把我们带到抱怨的旋涡，让我们忘记了沟通的目标是指责，还是以终为始，培养解决问题的能力。

单单只是用摄像机一样的视角去观察，就能看到我们忽略的很多东西。所以，当我们准备说出一个观点的时候，先小心翼翼地问自己：我是否真正看见了？我是否用心去观察了？

② 时间线，关注人的改变

我曾经以为，负面的评判会造成彼此的误会和阻隔，正面的评判是没问题的。但后来我发现，绝对性的正面评判，也让我们把鲜活的人当成僵化的标签, 从而导致误会。

童童小的时候学舞蹈, 负责招生的张老师的耐心、热情给我留下特别深刻的印象。

第二次再见到张老师, 我开心地上前打招呼, 想问问童童这一周的学习情况。岂料, 张老师很淡然地说: "童童妈, 这周情况已经发到QQ群里, 你看一下。" 然后扬长而去。我的心瞬间凝结成冰: "真虚伪, 真冷漠! 报了名之后就不理人了。" 我为自己遭受到的冷遇愤愤不平, 给张老师又贴上了与"耐心、热情"截然不同的标签。

后来, 在和张老师慢慢接触后, 我们成了好朋友。有一次我对她讲述了那天的经历, 当提到日期, 她才想起: "哦, 对不起, 那天是我父亲过世的日子。"

你看, 我对张老师的评判前后矛盾:

之前, 张老师是一个热情、耐心的人;

之后, 张老师虚伪、冷漠。

哪个是事实? 都不是。因为张老师不是恒久不变的个体, 她的行为、感受、需要时刻不同，而我们看见的只是变化中的一个瞬间而已。

如果运用时间线，我的描述将会是如下这样。

"开学那天，我和张老师聊了2个小时，她时不时地冲我微笑。今天我问张老师童童的情况，张老师告诉我'可以去看QQ群里的反馈'。"

忽略时间，忽略变化，让我们落入了评判的陷阱。我们的语言是一种有缺陷的工具，生命随着时间线在变化，但我们却用静态的语言来诠释动态的世界，用固定的标准把每个人固化成我们想象中的模样，但事实是：我们、你们、他们，每个人都是灵动鲜活、创造不息的生命个体。

3 计数器，让表达更客观

你知道吗？我们每秒大约接收来自外界的4000亿bit的信息，而我们的大脑却只能处理约2000bit的信息，仅仅两亿分之一，那我们是如何选择与舍弃的呢？

我的好朋友苏苏曾经在美国一所中学教孩子们中文，她告诉过我一件在她的课堂上发生的小冲突。

有一次，她的学生Cathrine迟到了，她非常严肃地批评了她：

"Cathrine，你为什么总是迟到？你可不可以多一点儿时间观念，尊重一下我们的集体规则？"

Cathrine眼圈有点儿发红，她回答道："Ms.Su，这个学期过了一个多月了，我迟到了4次，为什么到了你嘴边，就是'总是'迟到呢？我还有30多次按时到达，还有2次，我早上第一个到教室，你怎么看不到呢？"

对啊，我怎么没有去关注这按时到达的30多天和那2次呢？苏苏一怔，被这位中美混血小姑娘给问住了。

接着，Cathrine继续滔滔不绝地倾诉着她的委屈："第一次是刚开学，我的确起晚了；第二次，我到校门口的时候，遇到低年级的一位妹妹，她说她的发卡不见了，她急得直哭，所以我带她去物品遗失柜翻查；第三次，你临时换了教室，发送的E-mail通知我没有收到……"

小姑娘的反驳让苏苏无言以对，她感到有些尴尬和理穷，但是，她不知道是什么导致了她们之间的冲突和分歧。

当苏苏告诉我这个故事时，我问道："如果运用数据而不是评判的话，你会如何向Cathrine表达迟到这件事？"

苏苏想了想，谨慎地措辞："开学这7周以来，Cathrine，你迟到了4次，第一次呢，是5分钟，第二次，我记得是周一，Peter刚分享完他的周末趣事，第三次是……"苏苏还没说完，便恍然大悟般从凳子上跳起来，"这样的表达，更加接近事实，如果运用在和Cathrine的沟通中，或许会减少她对我的反感和抵触，同时我也好像并不是那么生气了，而是更愿意带着好奇去了解她的想法，她的打算……"

歌德曾说，我们见到的，就是我们想要的。

如果我们只选择那些我们想要的，和我们的"评判"一致的部分，那我们不想要的部分又怎么办呢？难道我们就拿着刻刀，一刀一刀，留下我们认同的、欣赏的，塑造我们要的理想小孩，剔除我们反感的、讨厌的部分？那把刀锋利吗？刻在孩子身上会疼痛，会流血吗？我们来不及考虑，因为我们活跃的大脑，忙乎着关注我们自己的想法，而无暇去关心事实到底是什么，孩子的感受是什么，孩子需要什么。

　　对于"评判"，我们需要谨慎，但是或许你会问我，在我们和孩子以及他人的沟通中，有的时候也需要"评判"，那这个时候怎么办呢？

两个小建议

- ✓ 当你说出"评判"的时候，请加上前缀"我认为""我觉得"等，提醒自己和对方，这只是我的看法，代表我的角度，不一定符合事实。

- ✓ 当孩子邀请你"评判"他的时候，请加上观察的语言，作为事实的支撑。

我们来看看小天妈妈是如何表达她的评判的。

　　小天第一次画素描，他拿着作品问妈妈："你觉得我有画画的天分吗？"

　　"妈妈看见啊，昨天你还不会，今天就可以完成一幅作品啦。这已经是从0到1的进步。如果坚持下去，持续努力的话，我觉得你能够越画越好。"

你看，小天妈妈用"看见"说出了观察，用"我觉得"引出了评价，这样的表达既不会脱离事实，而且还能够向孩子传递信任，让孩子把关注重点放在坚持和努力，抱有持续行动的热情。

☆ 练习9：试一试，将评价改为观察

这个练习，我们可以邀请孩子一起来做，让我们做完一起探讨，运用观察，是否让我们对别人，甚至对我们所定义的挫败，有一些不一样的感觉和发现？

第一组

评判：一回来，书包就乱扔。

观察：＿＿＿＿＿＿＿＿＿＿＿＿＿＿＿＿＿＿＿＿＿＿＿

第二组

评判：吃饭的时候，不好好吃饭，就想着玩。

观察：＿＿＿＿＿＿＿＿＿＿＿＿＿＿＿＿＿＿＿＿＿＿＿

第三组

评判：你每天头发都乱蓬蓬的。

观察：＿＿＿＿＿＿＿＿＿＿＿＿＿＿＿＿＿＿＿＿＿

第四组

评判：这次作业完成得挺好的，几乎全对。

观察：＿＿＿＿＿＿＿＿＿＿＿＿＿＿＿＿＿＿＿＿＿

第五组

评判：你太喜欢玩游戏了，我看你一天到晚都在玩。

观察：＿＿＿＿＿＿＿＿＿＿＿＿＿＿＿＿＿＿＿＿＿

参考答案（并非唯一标准答案）

第一组

评判：一回来，书包就乱扔。

观察：我看见你走进家门的时候，把书包放到了地上。

第二组

评判：吃饭的时候，不好好吃饭，就想着玩。

观察：刚才，你吃了一口饭，然后看了看放在大腿上的手机。

第三组

评判：你每天头发都乱蓬蓬的。

观察：昨天上午和今天下午，我看见你没有用橡皮筋扎头发。

第四组

评判：这次作业完成得挺好的，几乎全对。

观察：这次作业对了九道，错了一道。

第五组

评判：你太喜欢玩游戏了，我看你一天到晚都在玩。

观察：我看见你今天9:00开始玩游戏，中午没有吃饭，17:30结束，玩了八个半小时。

第4章

联结： 温情暖意是沟通最美的底色

你有没有发现，随着年龄的增加，孩子的笑容好像逐渐在减少？难道，这就是成长的代价——快乐的感觉慢慢远离，而烦恼却越来越靠近？

作为家长，我们常常有一种特别美好的愿望，想帮助孩子驱赶恼人的负面情绪，让他只品尝人生纯美甘甜的雨滴。但遗憾的是，没有任何一位父母具有这样的超能力。

然而，我们可以做得更好的，是理解，是见证，是用诚实去联结孩子的情绪，用语言去联结孩子的心意，去陪伴他感受成长中的每一分喜悦、感动、悲伤和忧虑。

情绪如同四季，陪伴就好。

第1节

情绪无关紧要，
重要的是大道理吗

所有的感受都是生命的自然发生，无法切割；所有的感受都是情感的真实流露，没有对错。

所有的感受都是需要的信使，它告诉我们，我们心里有些渴望，等待我们去发现、支持和满足。

1 作为父母，我们是否能诚实面对自己的情绪

我们时常觉得孩子的情绪变化无常，拿捏不定。但是，是孩子真的脾气古怪，还是我们真的不太懂得情绪？

了解情绪，从我们自己的情绪开始。让我们一起拿起笔，来回答以下几个关于情绪的问题。

关于"喜"

当你想要分享快乐时，你可以告诉他人：

"我希望和你多聊聊，你可以听我多说说吗？"

关于"怒"

遇到愤怒的事情，你是否可以不伤害他人，不破坏环境地表达自己的愤怒？

你能够说出自己的生气，而不是生气地说出吗？

关于"哀"

你想哭的时候，是否愿意痛快地哭出来，而不是压抑着，因为你认为哭泣就代表着软弱和无能？

关于"惧"

当你害怕的时候，你是否可以告诉自己，害怕是可以的，这意味着，我要挑战一件对我来说，特别有难度的事情。

如果我们的答案大多是"不能"，意味着大部分时候，我们不敢哭，不敢怕，不敢生气，甚至不敢释放快乐。同时，我们好像也在要求孩子，如同我们这般严格控制自己的情绪。

但是当我们克制和伪装的时候，我们能够到达理想中的处变不惊，安稳平定吗？不会，我们的经历告诉我们，相反，我们会更加难受和压抑。

我们人类不具备非洲黑斑羚的那种与生俱来的本领。在课堂上，我常常会讲到下面这个黑斑羚的故事。

② 情绪怎可"招之即来，挥之即去"

秋日傍晚，残阳如火，在非洲中部辽阔的草原上，几只长角精灵——黑斑羚，悠然自得，饮水觅食。距离它们不足百米的草丛中，露出一双雄狮饥饿的眼睛。但怡然自乐的黑斑羚们对即将到来的灾难却浑然不知。

忽然，狮子如离弦的箭一般冲出，吃了一惊的黑斑羚夺路而逃。只见雄狮一个猛冲，一只幼年的黑斑羚被雄狮扑倒在地。出人意料的是，它放弃了挣扎和抵抗，难道它心甘情愿成为雄狮的口中美食？贪婪的雄狮见这只幼年黑斑羚已经奄奄一息，无法逃离，便放下它，起身追赶另一只黑斑羚。

当狮子一离开，那只已然倒下的黑斑羚猛然起身，但是让人惊讶的是，它并没有第一时间逃离，而是极速地抖动身体，全身上下，一次又一次，从头到尾，每一个部位，每一寸皮毛。

它为什么要这么做？为什么在如此危险的境地，它选择停留，而不是马上逃离？然后又极速又剧烈地抖动身体？

这是黑斑羚特有的一种神奇能力。当它受到来自外界的生命威胁时，当它的力量太微弱不足以战斗，动作太慢不能够逃离时，它唯一可以选择的保护自己、减轻痛苦的方式，就是封锁感受，麻木自己。这样的好处是，当野兽在用尖利的牙齿撕咬它的时候，它就不会感到疼得那么钻心，它在濒临死亡时，不会再承受身体上的痛苦与精神上的折磨。

但是万一，黑斑羚能够死里逃生，它站起来所做的第一个动作，就是极速地抖动身体。在这样的抖动中，被封锁的感受又重新和身体搭建起联系，黑斑羚又恢复了它的勃勃生机。

问题来了，对于感受，我们是否也具有像黑斑羚这般"招之即来，挥之即去"的本能？我们有着黑斑羚这样通过封存、释放、联结感受，来进行自我疗愈的本领吗？

"没有"，课堂上的学员，大多会怀着遗憾摇摇头。

③ 封锁情绪，是最痛苦的身体记忆

有一次讲完黑斑羚的故事后，来自深圳的常先生红了眼眶："黑斑羚的自愈本领挺给力，但是……"他停顿片刻后，给我们讲了他的经历。

"我小时候，上课调皮，老师在黑板上写板书，我就扔纸条砸前面同学的后脑勺，老师发现后，我就不承认，结果，回家后，我爸结结实实地打了我一顿。

"那天，我只穿了衬衣，很薄。我爸用皮带一鞭又一鞭抽打我。我大声哭喊着疼，哀求着爸爸住手，但我爸边打边骂：'哭有什么用？你现在知道错了，早干什么去了？有本事干坏事，就不要怕挨打！'结果，我的后背、臀部和大腿，都被打出一条条血迹，我整整两周不敢坐凳子。

"从那以后，我知道喊哭叫疼没用，再挨打，就紧紧地咬着牙关，强忍疼痛，心想：'忍住，一点儿也不疼。君子报仇，十年不晚！'

"唉，我从小就是在父亲这样的高压严管下长大，但又不敢发作，害怕遭到更重的惩罚。就有点儿像那只黑斑羚，这些把痛苦和愤怒存在身体里。后来，我性格越来越暴躁，越来越易怒。

"现在，我儿子12岁了，他犯错误的时候，我虽然不像以前我爸打得那么狠，但是还是要打要骂。所以，我的孩子现在的确很少哭闹，可也很久没在我面前开怀大笑，并且我们之间的话也越来越少了。我们俩在一起，没有太多话，就像两根木头。"

听完常先生的话，课堂上一片寂静，片刻后，大家开始分享自己的童年故事。

"我记得，我有一次和同学玩晚了，一回家，我爸就吼我，我还记得那感觉，头轰的一下，感觉身体都散架了，但我还得拼命撑着，因为我爸要我罚站。"

"我也是，我那次考58，差2分及格，我妈让我跪着，我脚都没有知觉了，我拼了命地掐自己，掐得眼泪都流下来了，但是，不疼，不知道为什么……"

"上次，我发现我儿子写作业时偷看小说，我就把他的小说扔出书房，狠狠地对他喊'滚出去，看够了再回来'其实，我喊的时候，心口很疼，我使劲地压着它，当时儿子眼泪就出来了，我还命令他不准哭，他就这样憋着……"

很多家长和孩子都尝试封闭自己，用封锁感受来保护自己免受外界的刺激，但是，我们以及我们的孩子并不具备黑斑羚那样割裂感受，又重新联结，然后再释放的本领。所以那些被我们拒绝的，被我们恐吓的，被我们漠视的感受和痛苦的记忆一起，都像烙印一样，封存在我们身体里。这样的感受，悄无声息地束缚着我们的行为，我们的生命。

☆ 练习10：天生的父母，未必天生懂得孩子的情绪

如果我们自己都不曾接纳、关爱我们自己的情绪，那么我们又如何处理孩子的情绪？

看看下面的情景，是否会让我们感到有点儿熟悉？如果你是其中的家长，会选择A、B、C哪个选项呢？

对话1

孩子难过地说："爸爸，我想妈妈了。"

爸爸的回应——

A："哦，没事儿。有爸爸，爸爸带你去买巧克力。"

B："吵什么吵，真是烦死了。"

C："妈妈不在，想妈妈也没有用啊，和爸爸玩吧。"

对话2

孩子哭着说："这次选班委，没有我，呜呜呜。"

妈妈的回应——

A："来帮妈妈做饭吧，妈妈选你，你是家务小能手！"

B："哭有什么用？没本事的人才知道哭！"

C："没选你，可能是因为你的人缘不够好吧。"

对话3

孩子气恼地吼叫："妈妈，为什么不让我看动画片，我生气了！"

妈妈的回应——

A："来，看书，妈妈才买的《动物大百科》可有趣了呢！"

B："干什么？不要甩脸色给我看。"

C："电视看多了对视力不好，而且容易成瘾。"

A、B、C是家长最常用的处理孩子情绪的方式，你选的是哪项呢？

我们来看看，A、B、C三种不同处理情绪的方式，可能对孩子有着怎样的影响呢？

选A的家长，通常是情绪逃避型。

家长的行为特点：用其他物品或者话题转移孩子注意力，驱使孩子情绪暂时性消失。

孩子的情绪后果：或许暂时不哭不闹了，但是再出现这样的情景时，依然会哭闹。因为，情绪的根源并没有被关注，被疗愈。

选B的家长，通常是情绪惩罚型。

家长的行为特点：指责、批评、威胁孩子，甚至冷处理，孤立孩子。

孩子的情绪后果：有可能会激发孩子更严重的负面情绪，孩子会选择对抗，甚至报复。

选C的家长，通常是情绪压制型。

家长的行为特点：不顾孩子当下的情绪和状态，一味地讲大道理。

孩子的情绪后果：可能会压抑情绪，待负面情绪逐渐积压超荷，就会大爆发。这就是家长常常遇到的困惑——"为什么我的孩子平时很乖很听话，这次会如此大发脾气？"

**

我们会发现，无论我们选的是哪一种或哪几种，都会造成不良后果。

长此以往，孩子会越来越暴躁，甚至有时候一点就着，也有可能沉默寡言，遇到挫折就逃避，失去了生命的活力，以及这个年龄应有的朝气。

问题出在哪里？那是因为当孩子遇到挫折时，我们力求去改变他们的情绪，纠正他们的行为，而不是理解他们的意图，帮助他们调整情绪，从而让他们自发地改变行为。

134 亲子沟通密码 培养高情商的孩子就这么简单

第2节

三个语言习惯，
习得同理心

试想一下，如果孩子说"妈妈，我肚子痛"，我们接下来会对孩子说什么呢？我们会说"肚子痛呀？不管它，忍住"吗？或许很少有这样的父母吧。

肚子疼是症状，我们知道，哦，孩子生病了，我们需要照顾他，并找到肚子疼的原因。

同样，孩子的情绪也是症状，它也在提示，孩子的内心有些缺失，渴望父母的呵护与满足。

① 孩子最盼望来自父母的心灵感应

或许我们会觉得，孩子的情绪千变万化，如此复杂，我们如何搞得懂，摸得清？其实很简单，只要我们学会运用同理心，就会和孩子建立一种"你的情绪，我会懂"的心灵感应。

注意，这里所说的同理心，看上去很熟悉，但并非我们所说的同情心，虽然它们看上去，只有一字之差。

TED（全球最负盛名的演讲平台）最受欢迎的演讲者之一布琳布朗，用一个有趣的卡通片，为我们解读了何为同理心，何为同情心。

一只狐狸掉进了深井，它无助地叫道："这里好黑，我受不了了。"路过的麋鹿高高地站在井口，伸出头看看深井里的狐狸，深表同情地感叹了一句："啊，你真的很可怜！"当狐狸倾诉心里的难过时，麋鹿时时打断，它热心地想了很多方法来帮忙解决问题，但总是遭到狐狸的反驳。

这里的麋鹿，就是同情心的代表，它高高在上，无法理会狐狸的痛苦，他的怜悯和说教，都让狐狸感到不被理解，反而倍加难受和无力。

反观一下，我们和孩子的互动中，是否也常常这样表达我们的"同情"？但是，这样的同情，让孩子形成的自我认知是"我很可怜，我不行"。

那什么是同理心，它和同情心有什么不一样？让我们再回到深井，看接下来，发生了什么。

一只路过的大熊走下了深井，它抱了抱狐狸，对它说："我能感受到你的痛苦，我在这里，你并不孤单。"

大熊静静地陪着狐狸，默默地听它述说。这里的大熊，就是同理心的象征。没有怜悯，没有说教，只是去尝试理解狐狸的状况和体会它的感受，让狐狸感到温暖和支持。

回到我们家庭中的场景，当我们的孩子因为考试成绩不理想而感到失望时；因为被别人斥责而怒吼时；因为被隔壁班女生嘲讽"穿得太土"而感到郁闷时；我们可以不认同孩子处理事件的方式，但是在讨论合理方案之前，我们是否可以选择呈现大熊一样的同理心，不评判，不扰乱，去感受他们的情绪，去静静地陪伴，让两颗心自然地依偎在一起。

让我们来借助下面这张表回顾一下，当我们和孩子沟通时，是否带着一颗同理心？

同理心检查表

当孩子希望和你对话的时候	你的选择
你是放下手机和手边的事务，和他在一起吗	
你是否看着他的眼睛，认真听他说话	
你是否感受到了他流露或者隐藏的情绪	
你是否只是使用拥抱等肢体语言，而不是评判和建议	
你是否给予了"你感到……""你觉得……"等恰当的回应	

让这张表提醒我们，一步步养成先同理情绪，再讨论问题的习惯。

其实，这样的同理并不难，它是关注的目光、温暖的拥抱，它是全然无我地沉浸于与孩子的当下。同时，用柔和的言语去诉说、去接纳孩子的情绪，以及分享我们自己的情绪。

② 语言习惯一：识别孩子的真实感受

动物园可能是孩子们特别喜欢去的地方，回想下，看到狮子后，你的孩子做出过怎样的行为，这个行为背后，隐藏着孩子怎样的情绪呢？

　　曾经有一位老师，带着三个孩子去动物园玩耍，当走到狮子笼面前的时候，一个孩子躲在老师的身后，瑟瑟发抖："我害怕，我要回家，我要妈妈。"

　　第二个孩子纹丝未动，只是脸色苍白，紧紧咬住下唇："我不怕，我不怕，我不怕……"他一直念叨着这句话。

　　第三个孩子看上去很勇敢地盯着狮子，挥舞着小拳头示威："我打你，我是钢铁侠！"他喘着粗气，小身板挺得笔直。这三个孩子，语言不一样，行为不一致，到底哪一个，才真正地害怕狮子呢？

　　答案是他们三个都害怕。即使语言不同，表现不同，但是他们心里都一样埋藏着对狮子的深深恐惧。有的孩子没有说出他们的情绪，可能是：

　　在我们忽略情商的教育环境中，他们不知道如何说；

　　或者，他们不愿意说，因为担心说了之后被轻视"你真胆小，不勇敢。"

　　我们都知道无法释放的消极情绪可能会转化成负能量，留存在身体里。只有当孩子感受到安全和被接纳时，他们才敢大胆地释放自己的情绪，而这，正是管理情绪的第一步。

所以，当孩子说出真实情绪"我害怕"的时候，我们要认可"哦，是的，宝贝害怕了"。而当他们不敢表现出来的时候，我们可以运用一个简单的公式，来帮助孩子识别他的真实感受。

识别情绪＝描述观察＋表达感受

比如：

"<u>宝贝的小脸白白的，脚步往后缩</u>，是有些<u>害怕</u>吗？"
　　　　　　观察　　　　　　　　　　　感受

"<u>宝贝，你把老师的手抓得紧紧的</u>，我感觉到你<u>手心有点儿</u>
　　　　　观察　　　　　　　　　　　　　　　　　　感受

<u>凉</u>，是不是有点儿<u>害怕</u>？"
　　感受

"<u>老师看见你小身板挺得笔直</u>，是不是有些<u>紧张</u>？"
　　　　　观察　　　　　　　　　　　感受

"老师发现你<u>嘴巴在说你不害怕，但是你大口地喘着粗气</u>
　　　　　观察

<u>儿</u>，告诉老师，是不是真的<u>担心狮子会跑出来</u>？"
　　　　　　　　　　　　感受

　　处于负面感受中的孩子，当他内心的恐惧、紧张被看见、被说出时，他就像跋涉的行者卸下了肩上的千斤重担，就像困在沙漠中的旅人看到了清澈的水源，感觉轻松，看到希望。

❸　语言习惯二：接纳孩子的任何感受

　　对感受的探索好像是个永恒的主题，尤其是对于负面情绪。我们越是拒绝，它越是变得更加的强大。

　　如果真有一个对待感受的理想办法，那一定是海纳百川一样的接纳。因为，越是想放下的，越感沉重；越是想放弃的，越是坚持。既然如此纠结，那我们为何不伸开双手，全然地接纳？

　　但我们时常做不到，我们选择拒绝感受，尤其是负面感受，那是因为负面感受往往伴随着我们不认同的行为和态度。

当孩子皱着眉头说："我不要滑冰了，我老是摔倒！"

我们或许在犹豫，我们接纳了他烦躁的情绪，是否就需要认同他不坚持的态度？

当孩子哭闹着说："打针好痛，我坚决不打！"

我们或许在纠结，我们接纳了他恐惧的情绪，是否就需要满足他不打针的意愿？

接纳情绪，就是接纳行为和态度？这是一个误区。

还记得童童说脏话的案例吗？很明显，解决问题需要分两步。

首先，同理自己和孩子的情绪，表达对我们自己和孩子的深深理解和接纳。

其次，慢下来，放松之后，再去寻找解决问题的方法。

所以，对情绪的接纳，是解决问题的前提。

现在，让我们想象一下这样的情景。

一位男孩垂头丧气地回到家里，带回老师的口信，请你第二天放学前，到校长办公室。下面的回答，可能是我能设想到的最糟糕的回应方式。

"不知道你又犯什么错了，总是请家长，你就不能乖点儿吗？"

如果这样迫不及待地批评指责孩子，孩子就会把家长和老师全部推向敌营，他会认为你们是一伙的，都来和我作对。

如果懂得同理沟通，我们就会平静地说两段话。

第一段：识别孩子的情绪。

"妈妈看到你很难过，当老师让你请家长的时候，你是不是有点儿害怕，担心妈妈责怪你，惩罚你，是吗？"

第二段：接纳孩子的情绪。

"妈妈不会责备你，我能够理解你害怕被嘲笑、被责备的心情。"

这样的话语，让孩子愿意敞开他的心扉，他或许愿意告诉你事情的来龙去脉，而你也能够成为孩子和老师之间的黏合剂。

你可以记住下面这一组接纳感受的常用语。

✓ 孩子，暂时的生气/郁闷/……是可以的。

✓ 每个人都会有着急/烦躁/……的时候啊。

✓ 当你难过/悲伤/……的时候，如果你愿意，就说出来吧。爸
  爸会陪着你。

✓ 无论你遇到什么样的烦恼，都可以告诉我，妈妈愿意倾听，
  妈妈理解你。

✓ 宝贝，妈妈明白你的感受。让妈妈抱抱你。

④ 语言习惯三：父母分享同样的感受

在我们识别感受、接纳感受之后，可以和孩子分享同样的
感受。

就像上面那个孩子被要求请家长的案例，在识别、接纳孩子
的感受之后，家长可以说一句：

"妈妈小的时候也被要求请家长，你现在这种紧张的心情妈

妈懂得。"

短短的一句话，把你的经历、你的生命和孩子联结起来，孩子顿时感觉多了一份理解，多了一点儿同盟的力量，会轻轻地松了一口气。

同时，在分享感受的时候，还有两个要点。

真实回忆

当然，如果你小时候是一位特别优秀的学生，没有被请过家长，你是否需要编一个类似的故事呢？完全不必，因为我们分享的重点并不是同样的经历，而是同样的感受，你可以用下面的句子来表达对孩子的理解：

"这种紧张压抑的感觉，我也有过，我明白，那并不好受。"

真实观点

接纳感受并不等于认同行为，你依旧可以平和地表达自己的真实观点。

如果孩子的行为是抄袭了同桌的卷子，你在接纳他的感受之后，可以这样说："同时，我相信提高分数还有比这个更好的办法，你认为呢？"

当孩子的感受在被接纳的过程中放松、平复之后，我们就可以开始讨论解决计划。

☆ 练习11：小步前进——同理回应孩子的情绪

还记得前文中我们提到的三种处理孩子情绪的不当方式吗？请尝试运用这三个语言习惯，来修改以下家长对孩子的回应。

孩子：爸爸，我想妈妈了。

爸爸：哦，爸爸在，和爸爸说说你学校的趣事吧！

修改为：_____

孩子哭着说：这次选班委，没有我，呜呜呜。

妈妈：哭有用吗？谁让你平时不表现好点儿的。

修改为：_____

孩子：妈妈，为什么不让我看动画片，我生气了！

妈妈：不要甩脸色给我看。

修改为：＿＿＿＿＿＿＿＿＿＿＿＿＿＿＿＿＿＿＿＿

参考答案：（并非唯一正确的答案）

孩子：爸爸，我想妈妈了。

爸爸：哦，爸爸在，和爸爸说说你学校的趣事吧！

修改为：嗯，宝贝想妈妈了。宝贝是有些难过了吗？（说出孩子的真实感受）

孩子哭着说：这次选班委，没有我，呜呜呜。

妈妈：哭有用吗？谁让你平时不表现好点儿的。

修改为：妈妈看见宝贝哭得好伤心，妈妈以前也失望过，也像你一样那么伤心。妈妈懂得这种滋味。（分享自己的同样感受）

孩子：妈妈，为什么不让我看动画片，我生气了！

妈妈：不要甩脸色给我看。

修改为：<u>你生气是可以理解的，毕竟看到一半就中止了，是有些意犹未尽呢！</u>（接纳孩子的任何感受）

第3节

有爱有方，
陪伴孩子的喜怒哀惧

我们所有的情绪都可以归结于爱与怕，但是爱与怕其实为一体，是对生命的爱。

喜悦是获得了爱的绽放；

愤怒、悲哀、害怕都是恐惧爱的消亡。

当我们意识到，所有的感受都是源自对生命的爱，那么我们就能够自然地用爱去陪伴爱，让孩子在爱中寻回内在的光芒。

1　引导分享，让孩子的喜悦尽情绽放

10岁的阳阳一放学就兴高采烈地冲向妈妈，边跑边挥舞着手中的小奖状，他一头扎进妈妈怀里，兴奋地说："妈妈，我今天的课前小演讲，得了飞跃进步奖呢！"

这个时候，阳阳妈妈会怎么表达呢？妈妈的回应方式可能会有四种，我用一个象限图来展示：

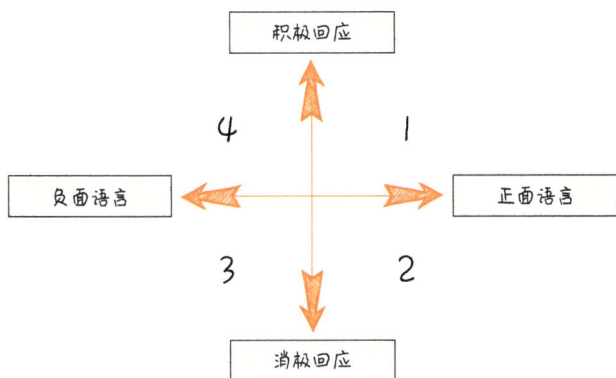

以语言为横轴，以感受为纵轴，我将我们与孩子的沟通分为四个象限，按照逆时针顺序，从第四象限开始解读。

第4象限：积极回应+负面语言

阳阳妈妈：

"别骄傲，才进步奖，又不是最佳演讲奖。"

"谁得的'最佳演讲奖'？你要向别人多请教。"

"哦。"阳阳应了一声，耷拉着脑袋，不再作声。

妈妈积极回应着阳阳的话题，但是负面的语言让阳阳的心情掉到了谷底。

第3象限：消极回应+负面语言

阳阳妈妈：

"我看见你放学排队的时候又去扯女生的辫子，你怎么就不能老老实实地跟着队伍走呢？"

妈妈根本不在乎阳阳的演讲，她的话就像一盆冷水袭来，把阳阳的心浇得拔凉拔凉。

第2象限：消极回应+正面语言

阳阳妈妈：

"真棒！妈妈今天买了你最爱吃的芦笋，你想凉拌还是清炒？"

阳阳感到很失望，妈妈对阳阳的演讲并没多大兴趣，他很想再和妈妈说说，但也只有无奈地将话咽下。

无论以上哪一种方式，孩子那颗灿烂激动的心，都无人可懂；那生命跃动的热情，都无人分享。如果我们能够深入到孩子内心，就可以体会到，孩子是多么期待告诉妈妈：

他经历了什么；

他改变了什么；

他创造了些什么。

不仅仅是消极感受需要接纳和抚慰，积极感受也同样需要绽放，否则那份自豪，那份喜悦，会转化成失望、挫败，压抑在心底。如何才能让孩子的感受尽情地绽放呢？

第1象限：积极回应+正面语言

回到第1象限，看看阳阳妈妈如何通过积极回应+正面语言，去引导分享，让他的喜悦尽情绽放。

说感受

"啊，妈妈看到你好开心，都感染到我了！"

"老师说你获得了飞跃进步奖的时候，你有什么样的感受？"

"当同学给你鼓掌的时候，是不是想快乐地喊出来？"

"刚上台的时候紧张吗？你是怎么缓解的呢？"

说观察

"你做了多久的演讲呢？什么主题？"

"妈妈看见你前两天对着镜子自言自语，是在演练吗？"

"你用了多长时间准备？看了哪些资料？"

"你讲的时候，用上手势了吗？"

说想法

"你觉得哪段比较精彩？你是如何证明你的观点的呢？"

"你选择这个题目，是因为什么呢？"

"你觉得哪些点触动到了老师和同学？"

"有没有遗憾？下次可以怎么调整？这样调整的好处是什么？"

通过这样的深度沟通，孩子会感觉到有一种力量像河流一样贯穿全身。他学会了自我发现——原来自己收获那么多，原来自己是那么有智慧，那么有光彩的人。

② 默默在场，给孩子发泄愤怒的安全环境

妈妈带着3岁的甜儿一起练习瑜伽，看着妈妈做平衡动作，甜儿也想试试，她做了好多次，都失败了。妈妈怎么劝慰她，给她讲道理，她都不听。她在地上翻滚，哭闹不停，双手乱抓，双脚乱踢。

甜儿妈妈不知道如何是好，打电话向我求助，我提醒她：

此时，放下自己对甜儿"爱发脾气""没有耐心"的评判，尽可能以最快的速度将注意力联结到她的此刻感受上，不用给予任何的劝导，只是静静地关注，给予她一个安全发泄自己情绪的环境。这样无声的理解和接纳，会让孩子如同听到了轻音乐一般舒缓和放松。

甜儿妈妈后来告诉我，放下电话后，她不再说任何的言语。她挨着甜儿，和她一样趴在地面上。她凝视着孩子，全身心和孩子在一起。四周的嘈杂声已经淡去，好像一切都变得空灵，而关注孩子此刻的情绪，是她当下唯一重要的事情。

特别神奇的是，慢慢地，孩子脸上愤怒的红潮开始消失，情绪的波浪好像来了，又离去。哭闹声变成哽咽，继而消失。

她那么安静，那么平稳，她看着妈妈，好像在说：

"我心里就像风雨后的湖面，初晴，宁静。"

最后，甜儿站了起来，妈妈也站了起来，甜儿在泪光中绽放出一个特别明亮的笑容。甜儿妈妈低下身来，亲了亲孩子的额头。

面对极度愤怒的孩子，我们需要做到的是陪在孩子身边，静静地看着他，让这一份爱默默地传递给孩子。

同时，在安全的、不打扰他人的地方，他们可以哭闹、怒吼，或者生气不语。他们不是在表达对我们的讨厌，他们只是用这样的方式，来表达内心的恐惧。我们只需静默，同时也可以穿插以下简单的言语。

妈妈看见了，你现在非常生气。

妈妈不会离开，我在旁边陪着你。

你需要妈妈的时候，就过来，好吗？妈妈一直在这里，等你。

以色列哲学家马丁·布伯说："在场，就是一个人可以给予另一个人最珍贵的礼物。如果那个时候，他选择蹲在阴影里，我们也陪着他蹲在那里，全身心，每一个呼吸都和他在一起。"

当我们不再阻拦孩子对愤怒的体验，陪伴他蹲在阴影中，孩子就会顺着自由的感觉走。最终，孩子会发现那个阴影的背后就是光芒。沿着那道光，他就能找到一种清新透明的豁然。而这样的敞亮，是他自己找到的，充满了来自自己内在的觉知和力量。我们要做的，只是在他身旁，静静地等待，去见证，去欣赏……

③ 拥抱悲伤，孩子在父母心中无可替代

在我的课堂上，很多妈妈都特别喜欢拥抱这个表达爱和接纳的方式。但有一位母亲，她从记事以来，就被她的母亲嫌弃。于是，当她自己的女儿出生以后，她不希望自己的女儿也遭遇同样的经历，她给女儿倾注了全部的爱和关怀，但即便如此，却总觉得和孩子之间隔着一层说不清道不明的雾霾。当在课堂上提到拥抱时，她说：

"我的妈妈没有抱过我，所以，我也不习惯拥抱。女儿18岁了，但是从女儿小学起，我就没有拥抱过女儿。"

她觉得那个动作那么生硬，甚至矫情。但同学们都一个劲

儿地鼓励她回家试试。

当第二周这位母亲重返课堂时，她带着笑容，抹着泪花说："我抱了，那天和女儿吵了一架，我指责她太迷恋偶像组合，还把她攒的海报都撕了，女儿难过得趴在床上，哭得一塌糊涂。我有些自责，但是又难以表达，看她这么难过，心疼得不行。我终于鼓足勇气，把孩子抱进我怀里，孩子挣扎了几下，然后就不动了，身上软软的，很松很松。我以为她会好过点儿，没想到她哭得更厉害，我吓坏了，问她怎么了，女儿边哭边说：'妈，你就抱着我，我哭会儿就好了。'"

拥抱，轻轻地将孩子揽入我们的怀中，这可能是世界上最美妙的动作。这种爱的姿势强调：无论你怎样，我依然打开双臂，对你全然敞开怀抱，你在妈妈心里是无可替代的。

但是需要特别提醒的是，在孩子愤怒的时候，请静静陪伴，用关切的目光注视他，去体会他当下的感受，当他愤怒的情绪慢慢释放之后，我们再给予他轻轻的、温暖的拥抱。请不要拥抱盛怒之下的孩子，因为我们的力量会被孩子误认为是禁止和强制，就如同前文中发脾气的甜儿，妈妈是在陪伴她充分释放愤怒之后，再给予了温和的亲吻和拥抱。

4　全身心倾听，给孩子的恐惧找一个出口

2017年7月27日，童童告诉了我她同理倾听她同学的故事，深深地感动了我，我写下了下面这篇文章。

童童的好朋友Nitomo，是一位14岁的法籍非裔小女孩，她的父母常年不在一起，爸爸每年飞来几次，来看望她和她的母亲。她的母亲总是感叹，她是父母唯一的维系，如果没有她，或许他们早就不在一起了。

一天，Nitomo的父亲又要来了，她和童童在一起，聊起她的经历。

Nitomo："我爸每次来，我都不想回家。"

童童："嗯，所以，我看到你每次都拖到很晚才回去。"

Nitomo："是的，他一来，我和妈妈都不自在。而且，妈妈的殷勤，让我有点儿看不起，但是又觉得妈妈好可怜。"

童童："你心疼你妈妈了，妈妈这样的殷勤，可能心里也会委屈？"

Nitomo："是啊，她是为了我才这么小心翼翼的。其实，离就离吧，没什么大不了的。"

童童："你希望他们也明白，其实你不喜欢这样别扭的生活。"

Nitomo："对，我想对他们说，离婚没什么大不了。这样大家都自由，都快乐。"

童童："你是不是想告诉你的爸爸妈妈，你很爱他们，你不会因为他们分开而埋怨他们，相反，你希望大家都可以开开心心的？"

Nitomo："是的，是的。Vivi，我想哭。要是我的父母也可以这样听我说话该多好。但是我每次一张嘴，他们就打断我，甚至还说我是小孩，什么都不懂。"

……

童童告诉我，她就这样陪伴着Nitomo，陪着她害怕和担心，没有建议，没有劝慰，她就这样全身心去听，去听她每一句话后面蕴含的深情。当Nitomo得到童童的倾听后，她说了一句话，让童童记忆犹新：

"有一次，我甚至当着父亲的面，把他送给我的iPad砸到地上，当我看到他震惊的表情的时候，我却感到一阵痛快。现在我明白了，我其实想让他分担我的害怕。所以，当看见他吓到了，我就放松了，因为我觉得，原来我这样做，他就懂得了我的害怕。"

如果说处于极度愤怒中的孩子不太愿意表达的话，那么处于恐惧中的孩子就急于寻找一个出口，他们如同被关闭在黑色玻璃瓶里的受伤蝴蝶，乱飞乱撞不知道哪里有光芒，哪里有方向。我们可以做的就是全身心倾听，让他明白我们懂他，这样的理解和支持，就如同照进瓶口的光亮。

无论孩子有怎样的感受，尊重和接纳是我们能给予他的最好的馈赠。

不要指望我们有本领立刻拯救他，让孩子去自己面对各样的感受、各样的难题。

因为，人生中的每一次困顿，带来的每一份负面感受，都是非常难得的，它能让孩子学会如何让自己的人生过得更好。所以，当情绪来临时，不要拉着他匆匆掠过，请陪着他沉浸其中。当他穿越了悲伤、恐惧和愤怒，就会感受到降落在轻柔云端的安全与惊喜。只有经过这样的历练，孩子才会真正理解挫折带来的机遇，才能够成为独立的探索者、承担者与创造者。

只有孩子自己，才是自己的专家；只有孩子自己，才是解决问题的核心。

☆ 练习12：一个九宫格，让孩子学会独立管理情绪

当孩子独处的时候，如果遭遇到巨大的情绪冲击，可以怎么办呢？

请和孩子一起来做这个练习，阅读下面的九宫格，请找到（也可以补充）最适合自己的缓解情绪冲击的方式，打上钩，并和孩子一起讨论：

为什么选择它？

想象一个可能遭遇的场景，你打算如何运用呢这种方式？

如果这么做，对自己和他人有什么好处呢？

运动 爬楼梯、跑步、打篮球、往上跳等快速运动方式（　　）	深呼吸 把所有的注意力集中到鼻腔，感受空气的流动（　　）	大叫 找一个方便的地方，大声地喊叫，把心里的难受都喊出来（　　）
哭泣 痛痛快快地哭一场，哭完了，继续我们的生活（　　）	魔力球 放一颗有弹性的，直径不超过6厘米的小球在口袋里，生气时可以捏它（　　）	书写 把所有的不快、压抑，想说而暂时不愿意说的话写下来（　　）
画画 可以在纸上任意画下你想要画的东西，它可以是具体图案，也可以是抽象涂鸦（　　）	请你补充	请孩子补充

第5章

读心： 洞察需要，将对抗变成合作

有人说，大部分的孩子，睡着的时候是天使，醒来时，却是小恶魔。但是我想说，恶魔和天使之间，或许只有一扇门的距离。如果你想打开，就轻轻叩问孩子的心：

宝贝，可不可以告诉妈妈，你的需要是什么？

当孩子感受到你在努力地领悟他内在的需要时，你艰难地用母爱的柔情艰难地穿过坚硬的门，拥抱他那颗渴望爱与尊重的心时，你会发现，你的天使回来了。

愿每个父母都能看到，孩子的所有行为，无论所谓的"好"与"坏"，"是"与"非"，都只是对自己内在需要的一种表达而已。

第1节

重视"需要"，
把话说到孩子心里去

> 大多数暴力的根源，在于我们忽视了彼此的感受和需要，而将冲突归咎于对方。
>
> ——马歇尔·卢森堡

① 作为家长，我们很少表达真心所想

在和孩子的沟通中，尤其是在发生冲突的时候，家长有没有主动去关注彼此的共同需要，决定了双方走向对抗还是合作。我们来看看，以下常用的四种沟通模型，哪一种是更理想的路径？而这条道路，我们是否时常选择？

支配型

沟通特点：尊重一切既定规则的需要，要求孩子绝对服从。

<u>权力分配</u>：由家长或权威机构下达或执行命令，进行"军事化"管理。

<u>管教方式</u>：用惩罚来推动规则的执行。

<u>沟通结果</u>：孩子害怕、畏缩。孩子长大后会走向两个方向，要么和家长，甚至学校、社会对抗，要么变得萎靡消极、退缩不前。

<u>常用话语</u>：

现在9:30，你马上去睡觉。
没有什么好狡辩的，赶快去！
你已经12岁了，12岁的孩子必须学会管理好自己。
定了规则，不执行，那规则还有什么意义？

妥协型

<u>沟通特点</u>：重视孩子的需要，父母盲目信任孩子，一切让孩子做主。

<u>权力分配</u>：孩子是规则的制定者、执行者。

管教方式：用奖励和鼓励来推动。

沟通结果：孩子放任，以自我为中心。孩子长大后可能养成自私、散漫的性格和行为特点。

常用话语：

我睡了哦，你到时间就要睡觉。

我知道你行的，妈妈相信你哦。

自己管理好自己，自己对后果负全责。

你看看规则怎么定呢，你的事情你做主吧。

权威型

沟通特点：重视家长的需要，按照家长的意图，家长是权威的命令者。

权力分配：家长是规则的制定者、执行者。

管教方式：用惩罚和奖励、鼓励共同推动。

沟通结果：孩子唯命是从，逐渐失去自己的独立思考能力和决策能力。

常用话语：

我把我所有的人生经验都教给你，为的是让你不走弯路。

我走过的路比你过的桥还多。

不要辜负了妈妈的一片苦心。

做得好，就奖励你100个游戏币。

合作型

沟通特点：重视在每一件具体的事情上双方的共同需要。父母擅长"需要"的对话，并在特殊情况下运用有爱的强制力。

权力分配：家长和孩子是规则的共同制定者、执行者。

管教方式：注重"需要"的对话，商议在特殊情况下运用有爱的强制力。

沟通结果：养成高情商的孩子，他能够管理自己，并理解他人，寻求合作。

常用话语：

妈妈知道，你这么做一定有你的理由，可以告诉我吗？

我很乐意和你一起试试不同的方案，因为我们需要互相支持。

宝贝，你可以告诉我一下，刚才我说的话里，你听到了什么东西吗？这对我来说特别重要。

儿子，妈妈有的时候可能会比较强势，但是，希望你理解。其实我心里特别慌乱，一时找不到其他更合适的办法。我希望我们冷静下来后，一起来找找更好的方法，好吗？

或许你已经发现，当我们用最后一种合作型沟通模式时，孩子更容易接收到我们语言中传递的爱、尊重、支持和鼓励。在这样的氛围里，他更愿意开展和我们的对话，找到真正有益于双方的解决方案。

那是什么神奇的东西让话语具有这样的魔力呢？或许你在上文中敏锐地捕捉到了一个反复出现的词"需要"，合作型沟通的所有语言，好像都是围绕着"需要"来展开。遗憾的是，我们家长好像很少这么表达，那我们的孩子呢？他会不会用"需要"的方式来说话呢？

2　别让孩子也使用语言暴力

我的家长学员雯雯给我讲了一个她和儿子——8岁的博淳的故事：

雯雯经常早出晚归，这日下班回家路过附近的文具店，老板娘招呼她说："博淳妈妈，孩子发烧好点儿了吗？"

雯雯有些惊讶，因为据她所知，孩子根本没有发烧。她回问道："你怎么知道我孩子发烧了呢？"

"你儿子下午过来说的呀。"

雯雯心里有点儿焦急，马上赶回了家，一摸孩子的额头，没有发烧呀！肯定是撒谎！她气冲冲地质问孩子：

"博淳，你下午又偷偷去文具店乱花钱了？"

"我什么都没有买。"

"那你干吗去？"

"妈妈，我告诉老板，'阿姨，我发烧了'，我想你来关心我。"

听到这话，雯雯一下子抱住了孩子，心中的怒火被眼泪一滴滴淹没。

或许看到这个故事的你，鼻子也会有一点点发酸。因为孩子说出了内心所想，让你体会得到他的感伤，看得到他的渴望。

如果我们的生活中，孩子时时都能这样说话，那该有多好啊。我们能够很快懂得他的需要，并且和他一起来讨论解决方法，然而事实却和我们的期待恰好相反：

需要得到乐趣和陪伴的孩子，通常是用哭闹、滚地板、打人来表达他的诉求"我讨厌幼儿园，我不想上幼儿园，我要把它烧掉！"

而他心里真正想说的是：

"妈妈，我爱发脾气，是因为在幼儿园没人和我玩，我想让幼儿园里有很多好玩新奇的游戏，而且还有好朋友陪伴。"

需要爱和关注的孩子或许是用顶嘴和冷漠来表达他的想法，他可能一言不发，他也可能把你精心准备的水果都扔掉。

而他心里真正想说的是：

"爸爸，我最近很烦躁，我希望我的生日，你们记得，而且还会准备礼物，订蛋糕，或者计划出去聚餐。但是，最近你们都没提这事，我有点儿失望，我希望，你们的爱，能让我看得到。"

而需要自主和空间的孩子可能用顶嘴、撒谎来表达他的期待"你以为你是大人，就要听你的？凭什么你那么自以为是！"

而他心里真正想说的是：

"妈妈，我不想执行这样的规则。一听到你说按规则办，我就很烦，因为我要<u>自己做决定</u>，我需要自己的<u>空间</u>。"

但事实上，孩子不会选择这样说话，我们也猜不透、读不懂他心里的想法，我们会认定这样的孩子"固执""自私""叛逆"，为了纠正他，我们将给予一系列的惩罚：怒吼、羞辱、打骂，而这样的战斗会让我们之间的冲突升级，火力全开。

但是，如果我们能够洞察孩子们心底的每一种需要：

乐趣、陪伴、爱、自主、空间……

我们就会发现，它是如此美好，就像明亮灿烂的骄阳。

但遗憾的是，情绪的乌云常常遮住了孩子内心的太阳，太阳穿不过乌云，孩子别无他法，只有加强力度，用狂风暴雨一样的行为来提醒家长。

可从未学过沟通的我们，怎么可能接收得到他发出的暗号？

③　敞开心对话，我们都如太阳般美好

或许，我们会质疑，怎么可能任何不良甚至错误的行为背

后，都有着宛如太阳般的美好需要？

或许，我们也会坚持——惩罚，就是让孩子深刻地认识错误，改变行为的最佳方法。

那如果我们还有另外一条路径，运用"需要"的语言去和孩子沟通，让他自己看到自己内心的"需要"依旧良善，让他自己主动看到自己行为的偏差，我们愿意和孩子一起来试试吗？

我曾经和所谓的"坏孩子"做过无数次这样的沟通，韬哥就是其中的一位。

记得我和韬哥的第一次见面，是在2017年的5月。那天，我在市图书馆结束讲座后，走出大门，一位母亲走到我面前说："Liliane老师，等了你好久。"我还没来得及回应，她就拉着我走到旁边一位15岁左右的少年面前，说："你看你，打架斗殴，都被学校开除了，简直没救了。"转身对我说："Liliane老师，对不起，我实在很着急，没办法，你能不能帮我好好教育教育我这孩子。"我看着这位一筹莫展，拽着我就像拉着救命稻草的母亲，看着靠着柱子，冷冷地瞥着我的她的儿子，我心里有了几分明白。

"我说这位老师，你就别白费心了。我妈，我老师都搞不定我，都把我当烂泥，你也想来踩几脚？" 他拒绝沟通，是为了保护自己，避免再一次被批评、指责、伤害。他那愤愤不平的自嘲声中蕴藏着对接纳、欣赏多么深的渴望啊。

"你们又说我是害群之马，又说我是一颗老鼠屎，那你们又瞎忙乎啥呢？"我默默地体会他的感受，那些尖刻的言语，是对自己的需求遭到漠视的愤怒还击。

"即使有些人对你有偏见，但你依然可以和妈妈一起来找我，谢谢你没有把我列入'有些人'，而是尝试把我当成可以相信的人。我猜，你很想让我们都能明白，你有你自己的独特的主见，和别人的不太一样。我很想和你多聊聊，你愿意给我这样的机会吗？"

听我说完，他有些诧异，但挑衅的眼神变得柔软，刚才还冷峻僵硬的面容也慢慢变得柔和起来。我和孩子约定到周末再一起聊聊。

周末，孩子如约而来，没有妈妈在场，他率真开朗了很多。他告诉我，他叫韬哥，初三，妈妈在校门口卖早点，好些同学们都取笑他，看不起他。有个男生经常买了妈妈做的包子，在他面前讥讽难吃，他忍无可忍，狠狠地揍了那位同学，结果同学受伤，并检查出脑震荡，他也被学校勒令退学。讲完他的故事，他无奈地叹了口气，对我说："老师，你也不用批评我了，老师、校长、我爸、我妈都骂我，我听得够多的了。"

"韬哥，我不会批评你，我只想告诉你，你做的事情是为了满足心里的一些很美好的愿望。"我给孩子买了一瓶可乐，边喝边聊。

"愿望，什么愿望？"韬哥对这样奇怪的话顿时有了兴趣。

"你希望大家都能够看到妈妈很早起来工作，为了你省吃俭用，你希望妈妈做的一切，能够得到尊重，得到支持。这是不是你的愿望呢？"

"是的。"韬哥把座位往前挪了挪。看得出来，他愿意走进这样的对话。

"当同学们这样说话的时候，你非常心疼，你为妈妈感到委屈，你特别爱，特别爱你的妈妈。"

"老师，你说的这些话，就是我想说的，但是好像憋在心里，说不出来。我一直以为，我想要的就是狠狠地揍他，让他闭嘴！"

"韬哥，你真正想要的并不是敌视他们，恰好相反，你特别希望融入他们，希望同学们接受你，认可你。只是当时你太生气了，找不到其他方法来表达。大多数人和你一样，也包括我，有的时候不知道自己到底想要什么，只有按照自己的反应行动。但是当我们的情况变得越来越复杂的时候，才仿佛觉得，好像我真正想要的不是这个。"

韬哥默默地点点头，这个孩子有着和他年龄不一致的早熟。看着他，有点儿心疼。

"老师，我也不想打他，我也很后悔。"

"韬哥，我能够体会到你的感受。没有人愿意主动去打人，你打他，是因为太难过了，你无法说出你的委屈，你只有用这种不明智的方式，让他感受到你的痛苦。"

当我说完，孩子掩面大哭："上个月，妈妈就说来找你，我害怕又被批评，所以我没有来，如果我当时来了，该多好。我就不会打人，也不会被开除了。"

我知道孩子的哭，不仅仅是被这样的认同触动，而是在我的引领下，他看到了他并非是一摊烂泥，他的行为固然失当，但是他的内在，却有着最真挚的善良。

聊完天，孩子邀请我到他家品尝妈妈刚蒸好的包子。一咬，鲜美的肉汁就流到手上，孩子看着我手忙脚乱找寻纸巾的模样，笑得和妈妈抱成了一团。

其实，每个孩子的内心都是那么的单纯美好。

只要我们能够充分看见并理解，那我们面前就没有什么的所谓的"坏孩子"。

但是，当孩子因为暂时的迷茫陷入愤怒时，我们采取的行动，不是关怀和倾听，不是帮助他触碰到自己柔软的内心，而是拒绝、排斥，强制他把所有的情绪压抑在身体里，记忆里，那么10年以后，我们这些人，可能就会制造出一个爆发出怒火的"垃圾人"。

☆ 练习13："需要"词汇表，让我们打开爱之窗

大诗人鲁思·贝本梅尔曾高声地提出质疑："语言是窗户，还是墙？"

如果我们听不到蕴藏在语言中的"需要"，那么语言，可能就成了阻隔我们和孩子们心灵交汇的高墙，但是一旦我们能听到里面的情意，那么我们就能打开那一扇扇渴望爱和理解的窗。

让我们用需要词汇表，去寻找窗，看见窗，打开窗。

需要词汇表

（根据马斯洛需求层次图分类）

文中所列举的"需要"，并非我们口头中常说的"需要"，它不是指某一种具体的事物、行为，而是我们整个人类共有的，也是每个人生存、生活都需要的，普遍的有益因素。

根据著名的马斯洛理论，我们把个人的需求分为五个层次。

① 生理需要：空气、食物、运动、免疫、水、休息、健康、睡眠、营养……

② 安全需要：住所、平安、保护、秩序、规则、稳定、平静、穿衣、医疗、和平、空间、身体自由、自由……

③ 社会需要：接纳、爱护、友情、关注、归属、鼓励、支持、体贴、亲密关系、联结、情意流动、轻易相通、分享、交流、爱的表达、亲情、同在、体谅、看见、相互依存、社区、倾听、互助、包容、无条件的爱……

④ 尊重需要：平等、欣赏、信心、自尊、信任、理解、激励、坦诚、独立、勇气、自信、自主、自我接纳、自我表达、自

由选择、美、乐趣、自在、慈悲、表达感受……

⑤ 自我实现的需要：学习、进取、专注、成长、希望、真实、开放、意义、启发、重要、方向感、目标、清晰、效率、完整、持续、一致性、确定、自我了解、高峰体验，神秘、探索、创造、挑战、自我价值、服务生命、滋养生命、绽放生命、庆祝生命、创新、贡献、能力、洞察力、想象力……

孩子的每个不当行为背后都至少隐藏着一个未被满足的需要，让我们去找到它，满足它。因为，惩罚只能带来一时的压制，只有内心转变才是行为改变的最强动力。

第2节

寻找那些迷了路的"需要"

当我们一旦选择走进内心，理解"需要"，那么，我们在这世上就只有朋友，不再有敌人。

"需要"如此重要，但我们都没有习惯直接说出自己的"需要"，那如何才能找到它呢？接下来，我们将踏上探索之旅，来找到自己的"需要"、孩子的"需要"，以及引导孩子找到他人的"需要"。

1 先懂自己，才能学会不伤害孩子

9岁的小夏关上房门，在屋里狠狠地捶打着钢琴，好像要把自己的委屈、不满、愤懑，都变成钢琴的最强音。五分钟之前，还花好月圆，小夏坐上钢琴凳，妈妈陪在身边，一曲《致爱丽丝》梦幻悠长。

"小夏，这个音错了。这个是黑键，弹黑键。"

"小夏，还是错了，说了几次了呢？反复练一下这几个音。不要接着弹，来，反复练。"

"小夏，你怎么回事？故意的，是吗？先停下！"

妈妈盯着小夏，严肃的脸好像冬天的寒冰。"梆——"小夏把琴盖重重地合上，站起身来，"你走，你走，我不要你"小夏哭喊着，用力将妈妈推向门外。

"我走就走，走你也要弹。弹个琴那么心不在焉呢？早知道就不该给你买琴。"妈妈气得扭头就走，没想到小夏立马将门关上，把妈妈反锁在外。

妈妈焦灼难安，她喝了点儿水，让自己慢慢平静下来，她开始转向关键沟通的思维，运用需求的语言和自己对话："为什么会这样，这真的是自己想要的吗？"琴声慢慢低缓了，妈妈也慢慢陷入思考。

"我是不是想让孩子快一点儿练完琴，这个时候，我特别看重效率？"她问了自己以下四个问题：

提高效率有什么用呢？

它可以让孩子早点儿弹完琴，做功课，我也可以赶快去做饭。同时，它可以让孩子慢慢养成好的习惯。

为了提高效率，我做了什么呢？

我催促了她，我喊她注意黑键，反复多弹几遍。

我这么做，有什么不好的后果吗？

本来气氛还挺好的，被我搞砸了。而且好像都是我在那里指手画脚，孩子很反感，动作慢了不说，而且好像她的自信心，还有主动学习的劲头也被我打击了。

妈妈的思考和语速都渐渐慢了下来，好像意识到哪里出了问题："看来，我心里最想要的，并不是快一点儿，不是提高效率呀！"

那我想要的是什么呢？

放松、欣赏、美……

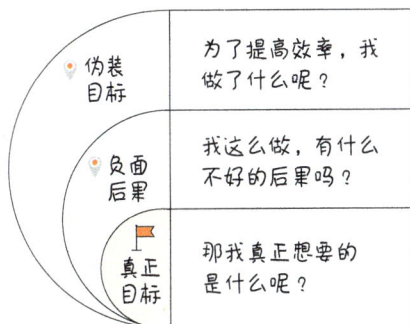

　　妈妈恍然大悟，心里的石头落定，眉头也松了：我不再像监工一样坐在孩子身边了。我会沉浸在音乐中，去学会欣赏她跳跃的双手、她自在的笑颜，我会告诉她我在琴声中听到了什么。或许那一个错音，是爱丽丝的小兔子钻错了树洞？或许那一个错音，还为这个曲子带来惊喜的变奏！

　　原来，寻找孩子的"需要"，不是一件轻松的事情。我们家长首先要做的，是读懂自己的"需要"。如果我们自己都空乏、寂寥得如同沉入海中央的一座迷雾般的孤岛，那么我们哪还有力量去延绵自己的爱与慈悲？哪还有力气与智慧，去联结此刻的另一个孤岛——我们的孩子呢？

② 孩子的每个攻击，都是爱的悲剧性表达

　　无论哭闹、吼叫，还是烦躁、暴怒，我们需要了解的是，孩子的每一个看似攻击的行为，都不是在宣泄对父母的抱怨和"仇恨"，而是此时，他用尽所有的力量在呼唤"爸爸妈妈，我只是个孩子，请你看到，我心里那个深深的需要！"

　　小豆丁6岁啦，最喜欢和妈妈一起玩乐高。这一次，他和妈妈一起搭建了一个城堡，就快完工的时候，妈妈接到了总经理

的电话，需要马上回公司处理紧急事务。妈妈解释了很久，但豆丁依然哭闹着不让妈妈走，他甚至抢过妈妈的包，嘶吼着：

"我要把你的包杀了，把你的老总杀了，把你也杀了，统统都杀掉。"

此时，豆丁妈妈被震撼了。她没想到孩子会这么"残忍"地对待她。"我视儿子如珍如宝，而儿子却叫嚣着要杀了我"，豆丁妈妈自言自语着，她的心仿佛停跳，连呼吸都变得微弱和悲凉。

那个时候，豆丁妈妈刚刚开始学习沟通密码，她还不太擅长去逐句寻找孩子的"需要"，但她心里忽然闪现了一句非常重要的话："每个攻击，都是爱的悲剧性的表达！"我们的孩子，他发出的愤怒是因为，他迫切地想要你知道，为了争取这份爱，他付出了多大的代价。

于是，豆丁妈妈努力地做了几个深呼吸，让自己尽快地平稳下来，然后，她开始思考：

如果我和老总都"被杀"了，对豆丁有什么好处呢？

于是，豆丁妈妈蹲了下来，看着儿子，仿佛用全身的每一个细胞去传递那份关注和疼爱："宝贝，你真的是想把包包杀了，把老总和妈妈都杀了吗？"

豆丁立马点点头，哭着说："是啊，杀了包包，杀了那个老总，杀了妈妈，你们都可以不动了，哪儿都不用去了。"

"原来，豆丁'杀了'我们的目的，只是想我们不动。"

这个发现让妈妈又气又感动，有一股心底升起的暖，把凉透心尖的眼泪温暖得如同春雨一样。

"豆丁，你想的其实不是杀掉我们，你是想让妈妈走不了，好一直陪着你，你想和妈妈在一起，对吗？"豆丁放开了妈妈的包，伸出双臂紧紧地抱着妈妈，仿佛害怕一松手，妈妈就会溜走……

后来，妈妈带着豆丁去了办公室，还有妈妈的包，包里装着豆丁的乐高。他们商量好，妈妈处理事情，豆丁安静地在会客室玩乐高。虽然不在一个房间，但是好像空气里都充满了甜蜜的气息。

你看，一旦我们能够专注于寻找"需要"，我们就不会把注意力放在孩子那些有刺的，甚至是暴力的语言和行径上。我们不再用力地去控制和打压孩子，相反，我们会问自己一个问题"我可以做些什么，让我们的生活更美好？"这个问题如同指引方向的北斗星，我们将追寻着它，去看到真相，那就是孩子心底的，他自己都无法表达的，藏在黑夜里的，迷了路的"需要"。

3　善解人意的孩子，听得到反驳中的渴望

我的女儿童童，初二放暑假回国，和她的朋友悦悦有过这样一段对话。

悦悦：我弟弟和我一说就顶，我忍了很久，实在没办法了，你说说怎么办？

童童：现在你弟有点儿叛逆，是不是你和你爸妈平时给予的否定太多了？

悦悦：你的意思是说我和我爸妈不会说话？

童童：我只是在分析一个现象，知道这个原因后，以后你们和他沟通，少用否定的话就好了。

悦悦：哼，你说得倒是挺容易。

…………

童童回来就开始向我诉苦，她是如此想帮助悦悦，但是这样的对话让双方都不太愉快。

"妈妈，是悦悦问我的，我也很诚意地给了建议，为什么她会反驳我、指责我呢？"童童不解地问我。

"童童，你当时说了一句'是不是平时你和你爸妈给予的否定太多了'，你这句话听起来，好像有点儿不舒服，你感觉到了吗？"

"好像是呢。我需要首先去理解她，关心她，而不是一来就给建议。而且这个建议是有点儿像指责。"童童歪着小脑袋在思考。

"童童，那你猜，在和你对话的时候，悦悦想要从你那里得到什么呢？"

"嗯，帮助，她需要我给她一些方法。"

"对，你已经从她说的话中听到了'帮助''方法'，想想，还有什么她想要，但是并没有说出来的？"

童童认真地想了想，还是摇了摇头。

我笑了笑，给她支了一招："悦悦的第一句话是'我弟弟和我一说就顶，我忍了很久，实在没办法了'。你现在退回到你和悦悦对话的现场，回放刚才的情景，将这句话用悦悦的语气、语调说10遍，同时去同理悦悦的感受，体会她的心情。"

童童似懂非懂地点点头，回到她自己的房间关上门。10分钟以后，她回来了，一看就有收获，走起路来，马尾得意地一甩一甩。

"妈妈，我明白了。当我模仿悦悦说话的时候，我体会到她很爱她弟弟，也很努力地想去帮助他，但是，帮不到点上，她就感到有点儿无力了。可悦悦和我说的时候，我没有留心。

如果下次她这样问我，我会说：'悦悦，你很爱你弟弟，也很包容他，想和他好好相处。只是尽管你做了很多努力，可弟弟好像没有接收到，你希望我能和你一起想想办法，是吗？'"

原来，童童被悦悦反驳的时候，悦悦并不是对她不服气，而是童童没有读懂她完整的"需要"。所以，当我们被拒绝和质疑的时候，我们需要意识到，对方反感的并不是我这个人，而是她期待自己憋在心里、无法表达的"需要"被看到。那怎么办呢？放下我们脑子里的建议，通过情景再现，回到现场，角色互换，去寻找遗失的需要，这或许是一个好办法呢。

☆ 练习14：来吧，建设我们的需要小屋

准备材料：一张大白纸、彩色笔、彩色贴纸、剪刀。

参与人员：同一屋檐下的所有常居人口（包括帮助我们的阿姨）。

目的：看到自己和他人的需要。

步骤如下。

第一步：在大白纸上，和孩子一起描绘梦想中的小屋。

第二步：大家围坐在画纸周围，每一个人说出在这个梦想的家里，自己最想得到或者最重视什么。（可以参考需要词汇表）

例如——

妈妈说：我做家务的时候喜欢唠叨，其实我是希望能够得到大家的帮助。

爸爸说：我有时候比较烦躁，就是想快点儿，再多赚点儿钱，让一家人过得再宽松一些。

孩子说：我有时有些无聊，想爸爸妈妈不是那么忙，可以多陪陪我。

边说，边将这些需要词汇：帮助、宽松、陪伴，用彩色笔写在画纸上。

第三步：请将这个承载着需要的梦想小屋挂在家里最容易注意到的墙面上。

第四步：请每个周末时，约定三个行为，可以满足家庭成员的共同需要。

例如——

每天晚饭后，爸爸给大家讲一个笑话。

孩子上学的时候，帮助妈妈把垃圾带到小区的垃圾箱。

每个周末，给爷爷奶奶打一个电话，聊聊学校里这周有趣的事儿。

…………

当我们能够看到彼此的需要，而且愿意同心协力地为了满足同样的需要而开始行动、付出努力的时候，我们全家的劲儿，好像就拧成了一股绳儿，会产生温暖而强大的力量。

第3节

满足"需要"，
让孩子的改变不再艰难

权力有两种。一种利用人对惩罚的害怕去控制对方，另一种通过爱让人信服。构建在爱之上的信服要比因惧怕惩罚的臣服更有效也更持久。

——圣雄甘地

1 讨厌妈妈的孩子，却变成了贴心棉袄

我的两个孩子，姐姐童童，弟弟涵涵，相差一岁零两个月。

相信你和我一样，曾经为如何维持公平、维护孩子们的情谊伤透了脑筋，他们爱争输赢，甚至会为一个玩具、一块石头、一支笔芯吵闹赌气。但那时的我，只关注了他们抢东西的行为，却没有关注他们内在的感受和需要。

所以，针对他们的行为，我曾经运用过简单粗暴的仲裁：

"你们自己说，谁先动的手？"

"姐姐就应该让着弟弟，你怎么这么不懂事？"

"就知道打架，不会商量吗？今天谁都不准玩！"

这样的分解任务和追究责任，并进行批评和管理，看上去好像很公平，但是并不能让孩子心服口服。他们会迫于形势，暂时压抑心底的愤怒和委屈，等到我们看不到的时候，就会趁机报复，继续争斗。

经过学习后，我有了进步，开始进行语重心长的温和教育：

"一人让一步，一人玩一天，兄弟姐妹之间要友爱。"

"这是你们的事情，你们自己决定吧！"

但是，我的劝导，好像没什么用。这样的"放手"，可能造成的后果，就是大孩子继续为所欲为，小孩子感觉受不到保护，没人可以帮助他伸张正义。更别谈建立孩子之间的亲密情谊。

但是，我说得并没有错呀，为什么结果却不如人意呢？

因为，我只是在解决他们的行为，并没有去体会他们的感受，更没有去理解、关注他们的需要。试问，哪个孩子愿意听从一个完全不在乎他心底所思所想的人给予的建议呢？

而现在，我时时运用着"需要"的语言。这种刚开始接触，让人感觉有些拗口、别扭的沟通方式，却让家里时刻荡漾着温暖的情意，让我们享受着自由表达的乐趣……

有一次，我出差半年回来，问孩子们需要什么礼物。女儿预定了一大堆东西，儿子却什么都没有要，我就给儿子买了一副耳机。当分发礼物的时候，看着姐姐的礼物堆得像山一样高，弟弟有些落寞，我心有不忍，就拿了一个应急灯给弟弟，说："这个送给你，可好玩了，一吹它就亮了，再吹口气，它就灭了。"儿子兴奋地拿着灯玩去了，但是女儿的脸却黑了。

"妈妈，你微信里留言说过，这个灯是送给我的，还说当我晚上起床上洗手间时，用它特别方便。"

"哦，对不起，童童。妈妈好像的确是说过。当我看到弟弟的礼物很少时，我有些不忍心，我担心他难过，所以一时忘了，就把灯送给了他。妈妈没有关注到你的感受，Sorry。"

"我讨厌你这样说话不算数。我都邀请了我的好朋友周末来家里看我妈妈送我的'阿拉丁神灯'。"

虽然童童的话有些刺耳，但我却听到了隐藏在里面的"需要"。

"童童很重视承诺，所以你希望妈妈说话算数。而且，你不想对同学说的话落了空，是吧？"我看着童童的眼睛，仿佛要读到她的心里去，"你很想向她们展示这个灯，不仅仅是因为它神奇，你也想骄傲地显示，你的妈妈时刻把你装在心里，有什么好玩的东西都会想到送给你。"

弟弟在屋外，也听到我"翻译"出了童童的需要，他大喊说："姐姐，那我送给你吧。"

"听到弟弟这么说，妈妈心里放松了很多，我刚刚还很担心你们会因为这个灯争吵。我希望你和弟弟都能感受到妈妈的爱，也特别希望你能够体会到我分发礼物时的不安。"我坐到童童身边，把她的手握在我的掌心，看着她的眼睛，慢慢地说出了我的"需要"。

"妈妈，其实听到弟弟这么说，我更不舒服了。那种本来是你的东西，然后别人不要，再给你的感觉，你懂吗？很难受的。"很欣慰，童童愿意坦诚地向我倾诉。

"嗯，妈妈明白。你看重的东西，别人不在乎，可能会让你觉得我那么珍惜的东西就这么不值钱？我那么争取得到的东西好像根本没什么意义，对不对呀？这样的想法让你心里感觉不舒服了吧。"我同理着童童的感受，同时，继续帮助她说出她的需要，"因为在你心里，它不仅仅是一个礼物，它也代表妈妈对你的爱和记挂，这是你非常非常看重的。我现在很想做点儿什么，让你感觉好起来，但是我有点儿不知所措，不知道怎么做，你可以告诉我吗？"

"妈妈，你不用做什么，你就听我叨叨几句就好了。弟弟，那个灯你先用吧，等同学来的时候，再给我就好。"在这样放松的氛围下，童童也不由自主地说出了她的需要——陪伴、倾听。

于是，我坐在她身边，静静地听着……

其实，我们每个人的每一个行为，无论它的呈现方式是粗暴还是温柔，每一句话，无论它听上去有多和气或者刺耳，其实都是对需要的一种表达。

就像在上面的对话里，童童说"我讨厌你这样说话不算数"我就会选择去听到她这样评价我的时候，她真正想要表达的需要是什么。当我细细去寻找，我便能体会到她在乎的哪里是那个灯，而是在那个灯里，饱含着的她对诺言的尊重，对爱的珍惜。

于是，就在那么一个瞬间，我能够回想到我也有过类似的经历，也曾有承诺落空的时候，那种失望的滋味，可真没那么好受。当我看到了我们的共性，我的慈悲和关爱就会在当下慢慢涌动，我不再有这样的念头：孩子有多么不懂事，我要如何教训她。而是我想要去陪伴她，联结她，关爱她。

孩子只有在足够的爱的滋养中，才有余力来思考"我能做些什么，可以让我变得更好，让我们大家变得更好"。在这个过程中，父母需要做的是将自己刺耳的语言、鲁莽的行为，翻译成需要的语言，让孩子体会得到父母的关爱，联结得到父母的真心实意。

或许这样的改变并不比一个巴掌来得快捷，一个呵斥来得容易，但是，这是让孩子主动改变的必经之路。

❷ 4C模式，让迷恋手机的孩子不再贪玩

制定规则并跟进执行，是家长最头疼的事情。我时常会问家长三个问题，来辨别这个规则到底是应家长的要求，还是基于家长、孩子和具体事件的三方的需要。

- 规则是在什么背景下制定的？

- 规则是由谁来制定的？

- 规则是由谁来执行的？

大部分情况下，规则是在教育孩子的时候，由父母主导制定，并由父母监督执行的。比如：

考试没有考好，所以马上列一个学习规则；

房间太脏乱，立刻做一个家务清单；

孩子体弱，立马列一个锻炼计划。

计划完整又完美，但常常因为家长的压制强推，或者事务太多无暇顾及，孩子的拖延偷懒，反抗拒绝而搁浅在沙滩上。

其实，最深层次的原因是，这个规则是孩子希望并愿意制定的吗？如果是，那么在制定和执行的过程中，有没有满足接纳、理解与自主选择、自我成就等需要呢？如果没有，那我们制定的并不是一个孩子愿意接受并执行的方案，只是一个变样的要求或者命令而已。

如果要尝试让孩子发自内心地遵守与改变，可以启动需要的思维，运用4C模式。

改变孩子行为的4C模式

Connect us：联结情感

Confirm the need：确认需要

Close the gap：缩小差距

Create a behavior planning：创建行为计划

我和我的儿子涵涵，也运用了4C模式来商定了手机的使用规则。

C1联结情感

实施重点：

寻找一个轻松愉快的氛围。

案例片段：

去年暑假我发现涵涵从以前的手不释卷变成了手不释机，我心里暗暗着急，但我明白，不能在他玩手机的时候立马提出制定规则，那会招致强烈的反感，我需要一个轻松平和的时机。

一天，涵涵在沙发上看了会儿手机，然后闭上眼。我问涵涵怎么了，他说，眼睛有点儿累。我帮涵涵轻轻揉了揉太阳穴，看他嘴角有微微笑意，我知道，讨论规则的机会来了。

案例解读：

制定规则，是一个大话题。我们在沟通中需要时刻注意两条线齐头并进。一条是明线——语言内容，另一条是暗线——沟通氛围。其中，沟通氛围如同海洋，语言内容如同航船，如果海面波涛汹涌，那么无论航船如何坚固，也会翻船。所以，沟通一开始，我们就需要构建一个风平浪静的对话氛围。

C2确认需要

实施重点：

通过对话和互动，找到双方的需要，强调共同愿景。

案例片段：

"涵涵，妈妈看见你这几天的状况，有点儿担心。"

"妈妈，怎么了？"

"我感觉你被绑架了。"

"啊？我不是好好坐在你面前吗？"涵涵一下睁大了眼睛。

"嗯，你被绑架了呀，被手机和电脑。"我故意夸张地说，而且用了绑架这个词。

"怎么会呢？我怎么可能被它绑架？我绑架它还差不多！"涵涵果然很反感"绑架"这个词，我透过他的语气，看到了他对于自主选择的需要。

"那你如何绑架它呢？或者说是安排你的手机和电脑时间？"

"我不知道。"涵涵预感到我要限制他的屏幕时间，马上抛出一个不知道，来表示他的抵触。

案例解读：

我们很容易在制定规则的时候直奔目的。错了！我们此时需要确认的是，孩子的不当行为背后有些什么需要，只有满足了需要，才有可能让他们自发地改变行为。

C3缩小差距

实施重点：

缓解情绪，缩小策略和"需要"间的差距。

案例片段：

接下来，我开始慢慢解读他的需要："妈妈知道，其实手机和电脑对你来说也挺重要，比如游戏，可以让你放松，而且有趣，Youtube上的视频很搞笑，而且你还学会了好多美国俚语，刷新闻也可以让你看到很多资讯，我很想你能开心地上网，同时也能参加学习和兴趣班，让假期过得丰富充实。"

当我能够去尊重和接纳涵涵的需要，站在他的角度去肯定用手机和电脑产生的积极作用时，我们之间的距离就慢慢近了，形成了一个叫作"我们"的共同体。我们一起约定好了每天的使用时间，晚上7:30~9:00。

案例解读：

在沟通中，时刻关注孩子的情绪，一旦孩子对我们表示抵制和排斥，很明显，我们的策略和他的需要之间有差距，有冲突，我们需要立马调整。

C4 创建行为计划

实施重点：

把权力还给孩子，共同创建执行计划。

案例片段：

在和涵涵商定手机使用规则的执行计划的时候，我提醒涵涵，他才是行动的主人。

"妈妈，我定规则，你来监督这个规则的执行吧！"

"不是啊，你是你规则的主人，当然是你来监督，对吗？"

"嗯，对，我玩手机或电脑的时候，不准来打扰我！"涵涵心满意足地点点头。

"那么，如果你需要助手的话，你选择谁来当你的助手？我、姐姐或者外婆？"我继续引导涵涵。

"妈妈，你来吧。"

此时，涵涵完全具有了主人翁精神，他这个规则的主人给助手安排了工作，首先是在他使用手机或电脑时，协助他避免被外人打扰，最主要的是在他9:00还舍不得结束的时候，帮助他拿走电脑或手机，为此他还赋予了助手三种神力。

第一，狮吼功。可以冲他大声吼叫，时间到啦！

第二，迅猛龙。可以用最迅猛的方法，拿走手机或电脑。

第三，冷静龟。涵涵预计我拿走手机或电脑后，他也会不高兴，所以让我不用理睬他，让他自己像乌龟一样，慢慢冷静一会儿就好了。

案例解读：

在创建执行计划中，我们需要时刻引导孩子，让他们用自己的策略来满足自己的需要。比如，用"主人"的权力，满足了他被尊重的需要，用"安排助手"的环节，满足了他自主选择的需要……这样的设计，就可能让孩子按照自己的意志，去尝试坚持计划的执行。

看完上面这个4C的案例分析，你是否察觉到，让孩子改变的关键所在，并不是妈妈的大道理，而是他能够在制定规则的过程中，牢牢把握自己的需要。

因为，每一个人，包括我们的孩子，都是鲜活自由的生命，他们不愿意被制约，被束缚。作为家长，我们唯有保持着对孩子无条件的爱，了解孩子的需要：尊重、接纳、选择、空间、自我成就等，然后提出问题，让孩子自己沿着满足需要的轨道，创建计划。那么这个计划才是他们对自己许下并愿意去遵守的承诺和行动准则。

③ 会读心的孩子，把散成沙的团队团结起来

美国教育心理学的奠基人爱德华·李·桑代克首次提出了社交商的概念。情商之父丹尼尔·戈尔曼在《社交商》一书中更加明晰了社交商的特点：管理自己的情绪，并且在准确地识别他人

情绪的基础上，建立合作的关系。在轻松愉悦的交流中，双方更具有创造性。如何让孩子提高社交商呢？我们同样可以运用"需要"的理念。

准备时间只有一个晚上。

2016年12月，我12岁的女儿童童，11岁的儿子涵涵与两位小伙伴组建的团队获得了DFC全球儿童创意挑战赛年度大奖。他们要在第二天为全世界18个国家的老师和孩子们做分享，而准备时间，只有一个晚上。

记得那天晚上9点左右，童童气冲冲地走进房间，啪，把门重重一摔。"我不干了，都是什么人嘛！两个玩手机，一个和我对着干，不干就不干，谁怕谁啊？呜呜呜……"童童倒在床上，把枕头蒙在头上，号啕大哭。

我知道，我不用帮她想任何方法，只需要引导孩子用4C模式来完成这个转化。

我走过去，把她的头抱在怀里，拍着她的背，什么也没说。10多分钟以后，她一抹眼泪说："妈妈，我好了。"

"嗯，好点儿了吗？宝贝，哭出来感觉怎么样？"

"妈妈，心里没那么堵，顺畅一些了。"

"那我们来试着想一想，伙伴们真的是想和你对着干吗？"我握着童童的手说，"回忆一下，排练的时候，他们是什么样的感受？那样的感受，是因为他们的什么需求没有得到满足？"童童沉默不语，陷入了沉思。

两分钟后，童童慢慢地说："Amy可能会感到很压抑，因为她很有主见，不想听我安排；涵涵边打游戏边偷偷瞟我，他最小，想开始，又害怕太难，他可能需要鼓励；聪聪不够主动，是因为他正在学英文的兴头上，但是展示中，他的部分好像不够多，他要的是挑战，还有展示的机会！"

"童童，你再想一想，真的是这些需要吗？还有没有补充？"

"轻松，还有轻松。明天就要上台了，其实时间已经很紧了，我说话做事急，让大家感到更紧张。"

童童对4C模式已经很熟悉了，所以没等到我引导，她就沿着联结情感、确定需要、缩小差距、创造行动计划的4C流程开始思考了。

"Amy呢，需要主动权，所以我要和她一起来探讨排练的流程，Adam需要勇气，我们减少一点儿难度，他呆萌的气质，扮演熊猫最可爱啦。我要多看到他的闪光点，多鼓励他。聪聪喜欢挑战，所以，即使他的英文暂时还不够好，但由他来讲解筷子和阴阳的关系，他又幽默又大胆，一定会感染全场。"

"那你呢？你的需要是什么呢？"童童自己的需要，可不能忘，我赶紧小声提醒她。

"我的需要？就是早点儿搞定，回来睡觉！"童童开心了，小俏皮地回答我。

晚上11点，童童带着一大张排练蓝本，唱着歌回来了。

第二天，他们的分享异常成功，四个伙伴诙谐自在，把中国竹文化诠释得好玩有趣。DFC创始人兴奋不已，对着孩子们连声赞叹"You are so fantastic ,You deserve a big round of applause（你们太棒了，你们值得大家为你们鼓掌）！"

DFC的创始人，也是全球四大创新教育领袖之一的Kiran Bir Sethi女士曾经对我说，在她的眼里，每个孩子都是无敌的，都是超级英雄，他们都具有无可限量的能量，关键是你是否能够保护它，激发它！

能量如何被激发？生命如何闪耀？我们无法在珍贵的生命面前指责它的对错，也无法在能量宝库面前指点它的缺失。孩子本来就是有力的，富有的，我们要做的不是让他们按我们的要求行动，而是挖掘他们的需要，引导他们自己找到满足需要的方法，并在这个过程中体会到创造带来的满足和丰盛。

☆ 练习15：两个句式，学会最简单的读心术

请你打开笔记本，翻到新的一页，完成两个练习。

第一个练习

请首先运用下面的句式，学会找到自己的需要，读懂自己的心思：

我感到……这样的感受告诉我，我的需要是……

然后，用你第一时间想到的答案填写这个句子，可以是一条，也可以是几条。

例如：

我感到眼睛有点儿酸胀，这样的感受告诉我，我的需要是休息。

我感到心中火一样地燃烧，这样的感受告诉我，我的需要是理解和包容。

我感到无力，这样的感受告诉我，我的需要是学习，从书中获得一些力量和支持。

第二个练习

运用下面的句式，找到孩子的需要，读懂他的想法：

我看见……可能他感到……或许他需要……

例如：

我看见孩子在看一张漂亮的贺卡，那是他的好朋友送给他的。他开心地笑着，感到有些兴奋，他或许需要分享他的快乐，需要有人对他和他朋友的友谊表达欣赏。

我看见孩子刚刚把书包扔在地上，可能他感到有些沮丧甚至气恼，因为放学留堂，回家晚了，错过他喜欢的篮球赛直播，他或许需要一些理解，或者用一些措施来弥补这个遗憾。

我看见哥哥把弟弟的手机丢在电梯里了，哥哥看上去气得发抖，手紧紧握成拳头，可能他感到愤怒，或许还有些委屈和紧张，因为刚才弟弟说他从不让着自己，这时的哥哥需要一些空间来缓冲自己的情绪，或许他更需要弟弟看见他曾经给弟弟买的早点，他曾经帮弟弟教训过欺负他的同学……

只有我们看不到内心需要时，我们才会为错误找一个买单的对象。要么是自己，要么是孩子。

一旦我们和自己，以及孩子们在需要的层面上相逢时，我们将看见我们每一个人的内在的渴望和期待。

波斯诗人鲁米说，在对和错之外，有一片田野。当灵魂卧躺在那片青草地时，世界的丰盛，远超出能言的范围。

而我愿意，在那里拥抱我们自己和我们的孩子。

第6章

引导：没有孩子可以被说服，除非他愿意

　　在孩子遇到问题时，我们往往擅长说教，而不是提问、引导和倾听。我们往往这样开始："你应该……""你不能……"我们的建议并没有让孩子变得更聪慧能干，因为他感受到的是"我好笨""我没有办法""我不行"。

　　我们看上去合情合理的说辞，精心给出的建议，其实是在企图用自己的意志驱赶孩子的想法。我们要知道，孩子面对问题的时刻，都是他们在衡量，在解读生活的意义的时刻。他们将用自己的答案，来指引属于自己的人生。

　　只有把思考的领地还给孩子，把成长的权利还给孩子，他们才能启动自己的超级大脑，形成自己的独立思考体系，拥有解决问题的能力。

第1节

有效引导第一步：
学会倾听三重奏R.E.V.

站在你面前的那个人，如果你只看见他的行为，这说明，你并没有看见这个人。

如果你能够关心到他行为背后的想法，那么，你开始看到这个人。

如果你还能听到他内心的渴望与需要，那么，这个时候，他才作为一个活生生的人，被你看见。

① 孩子的心思，你听对了吗

倾听，意味着集中注意力，全神贯注地去听。那它时常发生在什么时候呢？

有可能是孩子乱发脾气、指责父母的时候，也有可能是遇到挫折、沮丧懊恼的时候，还有可能是获得成功、欣喜若狂的时候……在孩子成长的重要时候，他都需要一个对他全然接纳与敞开的倾听者。

而面对这些情景的时候，我们是否做到了有效倾听呢？我们常规的倾听，会引发孩子怎样的想法呢？

情景一：责怪

孩子：妈，就是因为你没有按时喊我起床，我上课迟到了。

妈妈：怎么能怪我呢？你这么大了还不会设闹钟？

孩子的想法：你只会责怪我，这明明是你的责任。

情景二：安慰

孩子：唉，这次考试就差两分就可以进前10名。

妈妈：宝贝，没关系，下次努力就好了。

孩子的想法：这件事对我很重要，天啊，你居然说没关系。看来，你根本不关注我的努力。

情景三：转移

孩子：爸，你知道吗？我这次把游乐园里以前我不敢玩的项目都玩了一次！

爸爸：如果学习有这样的勇气就好了。

孩子的想法：爸爸在乎的只是我的成绩，并不是我。

情景四：分析

孩子：我觉得我现在学的这些数学知识没有用，以后生活中又用不上。

爸爸：虽然用不上，但是学数学锻炼的是你的逻辑思维能力、应变能力、解决问题的能力……

孩子的想法：我的烦恼爸爸不懂，他只会讲大道理，算了，以后不和他交流了。

我们会发现，无论任何时候，只要孩子决定开口和父母沟通，那么他就是有了某种感受和观点，渴望被听见。但是我们真的是在倾听吗？或许我们认为是。

但请思考一下，我们听的目的是什么呢？

我们是想通过倾听，懂得孩子，还是抓住机会，反客为主，把自己的观点植入孩子的大脑里？

可孩子能听得进我们的责备、安慰、敷衍和说教吗？我们以为自己在传授经验，但是或许孩子从我们的反馈中，得出的结论是"你不关心我！"所有的评判、说教、建议、安慰、敷衍、责备等，我们都称为"无效倾听"。但是这样的倾听，我们信手拈来，不用费劲。

Lucas被学校选为了国际交换生，即将去美国就读一年，Lucas一回家，就告诉了父亲这个好消息。

"爸爸，我下学期就可以去美国读书了！"

"啊，你真幸运啊，这是你们学校最后一次实行交换生政策了。"

"不是我幸运，是因为我够优秀！"

"儿子，你是遇上了好时机。我们当年就没有这样的机会。"

"不啊，时机并不好哦，最后一次，还提高了挑选门槛。"

"你们有两个交换生名额，另一个孩子好像英文测试的时候，比你高出了12分，是吧？"

"爸，我去写作业了。"Lucas 怅然若失地回到了自己的房间。

很明显，这是一次失败的沟通，如果爸爸的注意力在孩子身上，他会清晰地听到，孩子需要的是欣赏和肯定。但是，在这个过程中，父亲的注意力并没有在孩子身上，他没有去感知孩子内心的激动与自豪，更不用说借机去发展他的思考和认知。

在听的过程中，家长时常会担任加工站的工作，把孩子的语言放在自己的大脑里面转一圈，变成家长的认知，再抛出来教育孩子。所以，常见的状况是，我们打着和孩子平等、民主交流的幌子，执行的却是把孩子强拉到我们的阵营，来服从我们指令的计划。

因此，这样的对话常常会引发重大的争执和误会，而分歧并不是来源于倾诉者——孩子，而是来源于倾听者——我们。

如何才能做到正确的倾听，并用倾听来让孩子养成自己的观点，并放大孩子的能力呢？接下来，我将给大家分享有效倾听三部曲：R.E.V.。

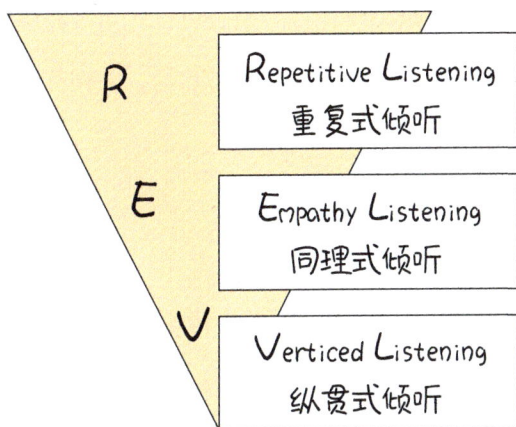

2　第一重R：用倾听叙说"孩子，我在乎你"

在倾听中，倾诉的孩子就像在伸出手，邀请你和他跳一支优美的双人舞，起承转合，旋转进退，律动节奏，都是由倾诉者把握，而我们要做的，就是跟随他，陪伴他，让倾诉的孩子在尽情的舞动中，认知自己，感受自己。这种倾听方式，我们叫它重复式倾听（Repetitive Listening）。

曾经有一位青春期的女孩对我说："我爸每天让我听他讲好多道理，其实我最想告诉他的是：'我并不在乎能否解决问题，我只想知道，你到底在乎我多少。'所以，孩子在听我们的道理之前，我们是否可以先听他说？是否可以先用最简单的方式来表达"我在乎你"？这并不难，也容易启齿，它拥有一个很简单的公式：

语气词+重复关键词

让我们再回到本节开始的那几个情景。

情景一

孩子：妈，就是因为你没有按时喊我起床，我上课迟到了。

妈妈：哎呀，就快迟到了！

　　　语气词　　关键词

情景二

孩子：唉，这次考试就差两分就可以进前10名。

妈妈：是啊，就差两分。

　　　语气词　　关键词

情景三

孩子：爸，你知道吗？我这次把游乐园里以前我不敢玩的项目都玩了一次！

爸爸：<u>真的呀</u>？<u>都玩啦</u>！

　　　语气词　关键词

情景四

孩子：我觉得我现在学的这些数学知识没有用，以后生活中又用不上。

爸爸：<u>嗯</u>，你觉得<u>没有用</u>，也担心<u>用不上</u>。

　　　语气词　　　关键词　　　　关键词

当我们这样表达的时候，是在向孩子发出这样的信号：

你有权表达自己的感受和想法；

我在认真听你说话，我尊重你的感受；

最重要的是，我很在乎你。我在乎你的想法。

这短短的一句话，却是有效倾听的转折点，它标志着注意力从倾听者转移到了倾诉者，倾听从无效倾听转化成了有效倾听。

③　第二重E：同理倾听，听到孩子心底的声音

此刻，你的眼睛正停留在这一行吗？

你会不会因为看书太久感到有点儿累？

你想不想和我分享一下你的观点，你的经历呢？

你有没有一种冲动，想放下书，马上用这样的方式，和孩子沟通呢？

当你看到以上这一段，你感觉如何？或许我们素未谋面，或许我们此刻相隔千里，但是，这样的对话邀请，会不会让你感到好奇，或者是让你像潜水一样，陷入更深的思考海洋，此刻，你是否感觉到我们之间多了一些连接和默契？这就是我想要和你分享的第二层倾听——同理倾听（Emathy Listening）。

在生活中，无论是孩子还是成年人，当他们烦躁不安、大吼大叫，或者言语尖刻、冷嘲热讽时，我们很容易被这样的行为激

怒，但是这些让我们不满的行为和情绪，正是他们发出"急救式"倾听的信号。同理倾听，就是让他们从极端情绪中缓冲过来，在平复的过程中，慢慢听到自己内心的声音。我们来看看下面这个案例，看妈妈如何去同理倾听孩子，并带领他倾听处于痛苦中的外公。

佳予12岁生日的时候，爸爸买了一双1000多元的名牌鞋送给他，佳予开心地穿到外公家，想分享自己的快乐，却招来了外公的指责。

佳予回家后，有模有样地学给妈妈听：

"你们就是浪费，乱花钱！"

佳予顶了几句，外公更加生气："我小时候，上学都是光脚，我的父母离婚后，我和我的妈妈一起住，寒冬里，走了10多公里山路才找到已经再婚的爸爸，在门外苦等了5个小时，才要到5毛钱学费。你们现在，真不懂珍惜。"外公越讲越激动，眼底泛着泪花。外公的呵斥吓得佳予不敢再回嘴，虽然心里忍着万千个不服气。

"妈妈，外公真是很讨厌！我再也不去他家了！"

聪慧的妈妈并没有指责佳予，而是去同理倾听孩子内心的需要："其实我们佳予，并不在意穿多少钱的鞋，只是想和外公分享一下你的快乐，是吗？"

"对啊，我是有点儿显摆，但外公怎么就看不惯呢，总是说那个大道理！"

看着佳予放松下来，而且开始对外公的行为感到好奇，妈妈抓住这个时机，开始带领孩子，去同理倾听外公的心语：

"佳予，外公小时侯的这个故事，我也听过很多次。想一想，如果一个人反复讲一件痛苦的事情，那他是想让你听到什么？"

"听到他很难过，想让我知道他很伤心，很委屈？"

"对，听到他的感受。过去的经历就像用刀刻在外公的心上一样，那是一道伤痕。当看到你的爸爸给你买那么贵的鞋的时候，那道伤痕被撩开，会很痛，很痛。"

"妈妈，外公指责我，是不是并不完全是因为鞋太贵，而是因为他想到了童年的经历？"

"是啊，你开始听到外公的想法了。外公心里可能还有一个没长大的'小小的童年外公'，他很羡慕你，他可能在哭泣：'为什么我没有得到这样的爱？'"

"那我们如何才能够帮到外公呢？"佳予有些急了。

"那他需要什么呢？"妈妈引导佳予去同理倾听外公，去听到外公愤怒语言的背后隐藏的深意。

"他羡慕我，他也想像我一样，我懂了！" 佳予琢磨着，大叫一声，一溜烟地跑进他的小屋。

以后每次去外公家的时候，佳予都会给外公带上一点儿小礼物，一支笔或者一个本子，还特别强调："外公，这是我用我的零花钱给你买的。"外公乐呵呵地收下了。奇怪的是，从那以后，外公再也没有提过佳予鞋子的事。

同理倾听之所以如此重要，就是因为它如同给沉溺在水中、无法呼吸的人们带来了新鲜的空气。当他们得到理解，感受被体会，他们的需求被看见时，他们那份内在的期盼，就得到了理解。一份真挚的情意，就在倾听者和倾诉者之间，默默地传递。

同理倾听，就是带着全部的体贴和关心，去听到对方的观察、感受、想法和需要，比如像下边这样。

倾听观察

孩子：妈妈，你买的两个鸡腿，都被弟弟吃掉了。

妈妈：哦，两个都吃了，你一个都没有吃到？

孩子：是啊。

倾听感受

孩子：我不想画素描了，天天都画横线，没意思。

妈妈：你感到有些乏味？

孩子：对啊，我想早点儿学习画人像。

倾听需要

孩子：妈妈，你不觉得做家务是一件没有创造力的事情吗？拖地，洗碗，很没有意思。

妈妈：你希望做家务的过程变得有趣，有创意？

孩子：是啊，我们可以来研究一下。

一旦我们关闭自己"说"的欲望，把沟通的重点放在孩子身上，把我们倾听到的关于他的观察、感受、需要反射给他，他就越来越能够听到来自自己内心的声音。

只有这个让内心有触动、更清晰的声音，才能带领孩子自己找到成长的方向。它如同船上的锚，无论孩子的行为飘移到哪里，它都如定海神针一般，只要孩子听到它，贴近它，就能凭借自己的经验，展现出令人赞叹的智慧。

在这个自然流畅的倾听过程中，孩子可以慢慢地从灰心、迷惘、烦躁甚至愤怒中恢复过来，如同在风雨中摇曳的船被锚慢慢地拉回到了自我的中心，这个时候，你会发现他变得平静了、轻松了，甚至有点儿俏皮起来，这个信号告诉你，他已经准备好了，第三层倾听的时机到了。

4 第三重V：听问合一，助孩子将梦想落地

在孩子情绪平稳的时候，或者在通过同理倾听，帮助孩子抒发了感受，说出了想法之后，我们就可以进入第三层倾听——纵贯式倾听（Vertical Listening）。

如同咖啡需要伴侣，纵贯式倾听也有一个最佳搭档——第三节将带来的R.A.R.M.提问法。我们将沿着R.A.R.M.的提问线索，让它贯穿我们的倾听，引导孩子将失望或后悔，扭转为对未来的期待和希望，而这个方向，就是我们化解和孩子的冲突，并走向

合力共创的方向。

艾菲是一位初一的学生，成绩优异。但是妈妈帮她选择了户口属地的普通中学，两个月以后，她感觉新学校、新同学都不如所愿。她强烈要求转学，但是妈妈不同意，母女俩发生了激烈的争执，艾菲拒绝上学，以示抗议。

艾菲妈妈找到我，让我和艾菲聊聊。在对艾菲进行了一个多小时的同理倾听后，艾菲的情绪平复了，开始拿起桌上的小零食吃，我知道，现在可以进入第三重倾听了。

"艾菲，在新学校，你最喜欢待在哪个地方呢？"

"草坪，教学楼背后有一片草坪，我喜欢坐在那里读英语。"

我请艾菲闭上眼睛："如果你在新学校过得非常快乐，刚好遇到艾兰·沃克（在之前的对话中，我知道艾兰·沃克是英国音乐人，艾菲的偶像），你能告诉他，新学校带给了你哪些快乐吗？"

艾菲微笑着，慢慢说道："草坪，我喜欢在这里读书，历史老师很好，他会给每个学生的考试卷子上都留一句鼓励的话，还有食堂的饭很好吃……"

"那艾兰·沃克会对你说些什么呢？"

"嗯，他会说，好羡慕你，有这么多朋友和老师……"

"听到他这么说，你感觉怎么样？"

"好激动啊，好想以后也考上英国的大学，可以经常去看他。"

"哇，艾菲，你的梦想都把我点燃了！"我继续引导艾菲诉说，而我只需要在她的语言中，去听到她的目标和渴望，"艾菲，假设未来的你考上了英国的大学，你就在伦敦，你晚上去看艾兰·沃克的演唱会，你站在音乐馆的门口，你可以告诉现在的艾菲，你是怎么做到的吗？"

"我会上课认真听讲，做笔记。每天坚持英文早读，学校离家很近，我可以节约很多时间，用来背单词……"艾菲越说越兴奋，她看到了之前被她忽略的优势。

"哦，艾菲你知道吗？你是一个宝藏，一个充满了无限创意和好点子的宝藏呢。"接下来，我带领艾菲去听到自己未曾思考过的应对方案，"现在我特别好奇的是，如果你遇到不如意的事情，你可以告诉现在的艾菲应该如何对待它吗？"

"我现在觉得吧，学校教的数学太简单，不过没关系，我可以找老师要初二的题试试，我还可以上网校嘛。"当艾菲感受到未来的光芒，她自己就有勇气和方法去应对暂时的困难。

最后，我带领艾菲去听到她的自我觉知和自我定位："艾菲，你现在感觉怎么样？觉得自己是一个怎样的艾菲？"

"我觉得我很不错，我能够梦想成真，即使有些困难，但我其实都能搞定，我真的好满意我自己哦"。

当我们带着好奇，带着欣赏，运用强有力的提问，去敞开心怀，去倾听孩子，我们会发现他们会爆发出令人惊叹的活力和创造力。他们的创意和灵性，就如同广袤神秘、资源丰富的星球，等着我们用提问的杠杆，用倾听的支点，将它们撬起！

纵贯式倾听，只有一个要点：

请关闭任何建议，无论它是否是你多年经验的积累，智慧的结晶，因为我们会在无意中夺走孩子的一个反思自我、面对未来的机遇，我们会在长篇大论的说教中，扼杀孩子的主动性。孩子是我们的，但是生活，始终是需要他自己去面对的。

倾听三部曲，REV正好是Revive的前三个字母。Revive的中文意思是苏醒、重启，它提醒我们，孩子能够通过有效倾听，让自我意志苏醒，自己权衡做决定。

家长需要做到的，是关闭任何的建议，我们只管去听，听他灵动的思考从冬眠中缓缓苏醒，听他把梦想化为现实行动，听他在对答中获得独立思考、主动反应、运筹帷幄的能力。他所有的点子都带着强烈的自我实现的期望，我们不用给予建议，不用给答案，答案只有自己给自己，我们要做的就是问和听。

☆ 练习16：加个小窍门，让倾听变得更流畅

和孩子之间的情感联结永远放在我们沟通的第一位，其次才是关注于解决问题，有时我们对孩子的观点并不认同，但是直接进行倾听的三个递进层次，感觉有些为难，这里有一个巧妙的办法——加点儿好奇心，可以不直接地反驳孩子的行为，同时以有爱、有风趣、有惊喜的表达来开启我们的倾听，让孩子自己去寻找答案。

比如，孩子说"同桌真讨厌，借支笔都不给"的时候，你怎么办呢？

第一步：加点儿好奇心

请让差点儿脱口而出的关于"同学友爱"的长篇大论就此止住，先来句："真的呀，不过也难怪，我像你那么大的时候，也烦男生，还画分界线，你们现在还画吗？"

然后，孩子或许会说："我们也画呀……"

第二步：倾听的三个层次

当孩子在描述的时候，你已经有了一些时间来回顾倾听的要则，接下来，你可以很轻松地听到他的需要：

"所以，你希望你们能够和平相处？"

你看，这样的问题，是否已经将孩子的负面情绪扭转成为正向的思考了呢？

在这样的倾听中，孩子的负面情绪慢慢消散。当他感到兴致盎然、放松自在的时候，他的思考力就开始慢慢走向巅峰，他的小脑袋变得越来越灵光，新奇的点子将接踵而至……

第2节

有效引导第二步：
放弃说教，让孩子自己找答案

我们生下来，就是为了彰显内在的荣光，那不仅存在于某些人，而是存在于每一个人。

——马利安·威廉森

① 打破！那个阻碍孩子成长的小鱼缸

如果只是听，孩子真的有能力自己解决问题吗？直接给出一个建议或者施以援手，不是更加迅速便捷吗？或许我们的心里会升起这样的质疑。

是的，听，就是放空我们自己；同时，听，也是把成长的空间留给孩子。

在这个空间里，孩子们可以从狭小的鱼缸来到更大的天地里，只有在更大的天地里，他才能够成为更为强大自信的自己，就像下文中，Jim先生的那条小鲨鱼。

住在伦敦的Jim先生在家里养了一条鲨鱼，他万般宠爱。他为它购买豪华的鱼缸，昂贵的鱼食，每天精心调配水温，闲暇时候，他也会陪小鲨鱼说说话。小鲨鱼有着曼妙的体态，摇曳的泳姿，每天优哉游哉地在鱼缸里游来游去。但是，一年后，Jim先生得外派到美国三年，可是小鲨鱼怎么办呢？Jim得另外给它找个家。

可惜，很多家庭都不接受小鲨鱼，万般无奈之下，Jim只有把小鲨鱼送给海洋馆，挥泪作别。

三年弹指一挥，Jim先生重新调回伦敦，一放下行李，他马上奔赴海洋馆，但是让他失望的是，它围绕着足球场那么大的鲨鱼池走了足足三圈，可连小鲨鱼的影子都没有看到。

我的小鲨鱼怎么了？是病了吗？是被大鲨鱼咬伤了吗？天啊！它是不是不适应这里的水温，已经死掉了？

Jim先生心生恐惧，感觉心里一阵凉气袭来，他着急地找到馆长，让他必须给自己，给小鲨鱼一个郑重的交代。

馆长听完Jim先生的申诉，轻松地拍了拍他的肩，带他来到海洋馆，指着远远向他们游来的一条鲨鱼对他说"看，伙计，那就是你的心肝宝贝！"

天啊，那是他的那只可爱、娇小的鲨鱼吗？那裹着浪，携着风，威风凛凛，奔腾而来的长达十多米的巨鲨真是它吗？没错，他看到了它左边鱼鳍上特有的一块白斑，原来，小鲨鱼真的长大了。

回想我们自己，是否也可能把本来可以成为一条大鲨鱼的孩子放进了鱼缸？

我们是否用道理、劝导、评判，各种的方式，给孩子做了一个鱼缸，在这个鱼缸里，他只能按我们的意愿生长？

但是，待在小鱼缸里的孩子渐渐长大，他又如何去拓展自己的思想，发展属于他的能力？

② 孩子自己，就是解决问题的核心

为什么我们不愿意让孩子离开鱼缸，让他自己去思考，去解决问题？这其中的原因就是：我们害怕孩子犯错。

因为犯错就意味着要付出巨大的代价。

但是，如果我们坚持地防范孩子的错误，那给孩子带来的损失才是真的无可估计！

我们减少了孩子犯错的可能，但他也失去了成为大鲨鱼的机会。

因为没有了错误，孩子自然不知道何为正确，更无法经历错误，最终体验到正确的畅快淋漓。创造力研究专家肯·鲁滨孙曾警告说："如果你不打算犯错，也就不可能有任何原创性的东西出现。"

我的家长学员闪闪妈妈和他的儿子，正是在犯错的过程中，找到了创造的灵感，解决了好像无法解决的难题。

国庆假期，妈妈和闪闪本来做好了假期安排，但是闪闪拖拖拉拉，一直到最后一天才发现还有很多作业没做。闪闪垂头丧气地待在墙角，妈妈也无助地问闪闪："怎么办呢，儿子？明天就要上学啦。"

闪闪："唉，语文作业好无聊哦，写生字。"

妈妈："那，儿子，你做什么事情最有干劲儿？"

闪闪："当然是玩游戏啦，通关打怪兽！"

妈妈："嗯，如果我们的作业也是一道道关口，是否每个关口也有怪兽驻守呀？"

"对！我要写七页生字，那每页都要有小怪兽。"闪闪一把把本子拿了过来，在每一页的页眉上面写下了他给小怪兽取的名字：一无霸、二无霸、三无霸、四无霸、五无霸、六无霸，最后一页就是大魔王——巨无霸！

哈哈，闪闪来劲儿了，他和妈妈一起边哼着小曲"杀怪兽，杀怪兽"，一边收拾着桌子，眼睛里露出兴奋的光芒。

"妈妈，你看，每一页都有一排排怪兽，它们是一个团的士兵，我打完一行，它们就会痛得嗷嗷直叫。"

"哇，好痛啊，太惨了。"戏精妈妈大声呼号着，悲痛万分。

配合着惨叫几十轮后，终于到了最后一页。

"儿子，妈妈来不起了，11点了，明天早上再做吧？"

"妈妈，你不用扮怪兽了，你去睡吧，我自己写作业。"

看着儿子像个小男子汉一样自己承担起了写作业的责任，妈妈不禁心生感叹："当我强制儿子写作业的时候，他各种要赖，但是当我让他自己做主的时候，他却要坚持下去。"

第二天，吃过晚饭后，妈妈提醒闪闪写作业，可是他却一直在画画，妈妈有些郁闷，但是又不忍轻易打断专注的孩子，心里想："这孩子，怎么不吸取昨天的教训呢？"

没想到，半小时后，闪闪举着一个时间表，蹦蹦跳跳地跑到妈妈面前："妈妈，昨天睡得太晚了，今天上课直打瞌睡，差点儿被老师发现。我刚才画了一个时间表，你帮我挂起来，如果我忘记写作业，你就要看着表提醒我哦。"

原来，我们真的可以不用事事都要说服孩子，我们只需要去问去听，引导他在一次次试错中发现藏在自己内心中的真理。只有思考的天窗打开，孩子才会感到豁然明亮的欣喜，只有这样的发现，才会让孩子自己，成为解决问题的核心。

③ 会引导的父母，让孩子自己说服自己

如果我们不想让孩子活在鱼缸里，如果我们不企图去说服他，那我们还可以用什么样的方法去启发他思考？

暑假的一天，童童对我说："妈妈，你看见了吗？弟弟不喜欢对人说'谢谢'，你要好好教育教育他哦。"

"好！"我果断地答应了下来，如果在几年前，我会像大

法官一样裁判——告诉涵涵，这样不对，不礼貌。然后，再像指挥官一样给出意见——你需要改正，对他人说谢谢。最后再像检察官一样监督——你刚才敷衍了，你要看着对方的眼睛，大声说"谢谢"。但是，我知道这样的说服，只会让他顺从，而不是"乐意"，就算他有改变，也非发自内心。

而我，有更大的企图，我希望让他自己去觉察，去发现"谢谢"所蕴含的深意，然后，由自己决定如何去执行。

三天后，机会终于来了！

偶然间，我和孩子们聊起"需要"这个话题，我抛出一个问题："童童涵涵，你们知道人在寻求发展的时候，最重要的需要是什么吗？"他们摇头，于是，接下来，我讲了我和我的学生——高职老师妮妮的故事。

在一次沟通沙龙中，我们一起做"寻找需要"的练习，妮妮说出一件烦闷的事情，伙伴们要一起来猜测她的需要。

那天妮妮说，她同时担负六个工作任务，异常辛苦和忙碌。但是领导又安排了她代收杂费，并且不能推辞。妮妮用了各种办法收全了款项，以为终于可以松口气，但是更糟心的事情来了，这笔上万元的巨款交不上去。妮妮在教务科和财务科之间跑了几个来回，但是得到的回复都是因为各种理由，得

"五·一"节后交。但是，节日期间，妮妮要探亲，钱又放哪里？而且节前，她要在两个校区上课，压根没有时间和精力去存钱。这么多事情夹杂在一起，妮妮感觉喘不过气来。

听到这里，大家都来帮妮妮寻找需要。

"妮妮，你感到难受，是因为需要安全吗？"

"妮妮，你有些着急，是需要支持吗？"

"妮妮，你太累了，你需要合作吗？"

妮妮点点头，又摇摇头，因为这些需要，好像没有完全打动妮妮的心。我蹲下来，看着妮妮的眼睛，对她说："妮妮，你感到特别委屈，你希望被看见，是吗？"妮妮听到这个词的时候，眼泪立刻涌了出来："是啊，我想我的辛苦、困境，以及快速完成任务的心意，被人看见。"妮妮倾诉着，"但是当时没有人看到我的需要，所以我一直憋在心里，真的好难受。"

孩子们听得很入神，我接着问，在生活中，除了妮妮，还有哪些人，在哪些情景下，需要被看见呢？"

"妈妈，工作的妈妈需要被看见，看见她的认真、专注。"贴心的童童首先看见了妈妈。

"我！"弟弟涵涵说，"我唱Rap的时候，你们也要看见。"

"外婆，天天给我们做饭，天气那么热，也需要被看见。"

"老师、送外卖的叔叔、文具店的阿姨……每一个人。"

"但是，我们可能没有时间、方法来时时表达看见。而且最重要的是，我们没有表达'看见'的语言习惯。如果我对外婆说，我看见你了，外婆会怎么样呢？"

"哈哈哈，外婆会觉得你好奇怪！"

"那想一想，有没有一个词，我们常常挂在嘴边，可以表达我看见你了，看到了你的辛苦，你的付出？"

"妈妈，是不是'谢谢'？"

那天出门，下了出租车，涵涵响亮地向司机叔叔说了一声"谢谢"，从那以后，涵涵谢谢不离嘴边，非常自然、开心地说"谢谢"。当假期结束回到校园，听老师说，涵涵更加具有了绅士范儿。

我喜欢孩子这样的改变，从内而外。

不知道青春期的孩子的父母们有没有发现，随着孩子的自我意识和自我认知渐渐发展，他们就不再愿意听我们指点，因为我们的说服，就意味着他们的失败，我们的道理越充足，就显得他们越愚钝。

这个时候，我们家长就需要从判断对错、给予规则的法官席位上退下来，改变强硬的态度和掌控的欲望，放弃说服孩子的念头，因为我们需要面对两个无法回避的事实：

这个世界，没有谁能够说服谁，除非他愿意；

也没有谁能够管得了谁，除非管他的人是他自己。

读到这里，你是否会有一点点困惑：不管不说，我们的孩子如何能做出正确的选择？

学会有效提问，让他自己说答案！

只有通过问题的启发，引导孩子说出来自他自己内心的答案，他才可能遵照自己的意愿而改变。

最终，我们将会发现，我们说得越少，孩子就会说更多，我们听得越认真，孩子就会想得更加开阔。

这时，我们就会发出由衷的惊叹：原来，你面对的根本就不是一条小小的鱼儿，而是内心蕴藏着巨大能量的大鲨鱼。

☆ 练习17：让我们"停止建议"

角色：两位，一位是述说者，一位是倾听者。可以由家长和孩子轮流扮演。

时间：三分钟，然后轮换。

练习过程：

述说者倾诉自己的一个小烦恼，三分钟，请倾听者默默地用眼睛看着诉说者，并给予理解地点点头，但是停止建议，不能说出自己的想法。三分钟后，请互换角色。

我曾经在课堂上多次运用这个练习，几乎每一位家长学员都感叹：停止建议，是多么不容易的一件事啊。在倾听过程中，有无数个建议和批判从脑子里蹦出，冲击着我们的唇舌。那在这种情况下怎么办呢？请将注意力放在倾诉者身上，而不是自己的想法上，用下面的方法去提问，去沟通。

第3节

有效引导第三步：
运用聚焦式提问法R.M.R.A.

没有行动，愿景只是一个梦想。

没有愿景，行动只是虚度时光。

愿景加上行动，就能改变世界。

——约翰·巴克

① 不给答案的父母，要学会提问题

从前，有一群人以游牧为生，生活颠沛流离。他们常问自己的问题是：为什么我们那么辛苦呢？去了这里，我们下一站又到哪里？后来，有一位先知，给他们提了四个问题。

- 你们想要什么样的生活？
- 你们如何过上这样的生活？
- 这需要哪些条件？
- 你们可以怎么做？

这四个看似简单的问题，引起了大家的思考，他们沿着这些问题一次次思考，一步步找答案。

通过问自己——想要什么样的生活？

他们知道了他们的需要是安定。

通过问自己——如何过上这样的生活？

他们明白了要改变生活方式，放弃游牧生活，驻扎在一个固定的住所。

通过问自己——这需要什么样的条件？

他们想到了水、圈养、寻找种子、搭建房屋。

通过问自己——可以怎么做？

他们开始了一次又一次的反复实验，失败了再次开始。

最后，他们从原始社会慢慢走向农业社会，走到了今天。这就是我们人类的发展史，它其实就是一次次提问和答问的循环和更新。

非凡的成果源自于伟大的问题！

问题之所以如此有力量，推动了历史的进程，是因为它们唤起了人们心里的愿景、方案、资源和行动，让人们更明确，更聚焦，我们要什么，可以怎么做。同样，面对对未来充满好奇与渴望的孩子，我们家长也要学会用一个个巧妙的问题，激发出已经潜藏在他心里的答案。

在接下来的几个小节里，我将和大家一起来探讨R.M.R.A.提问法，这是四类问题，它们分别是：

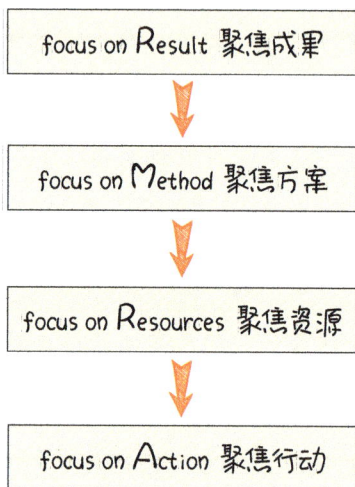

focus on Result 聚焦成果

↓

focus on Method 聚焦方案

↓

focus on Resources 聚焦资源

↓

focus on Action 聚焦行动

❷ Result——聚焦成果，同步启动孩子的左右脑

2017年暑假，童童补习数学的第一天，天降大雨。打车等了30多分钟，毫无疑问，迟到了。童童坐在出租车上给我打来电话，问我怎么办。

如果我的回答是："你怎么迟到了呢？是不是没有提前打车？昨天晚上没有看天气预报？自己给老师解释去！"

这种面对过去的，我们常用的总结错误经验的方法，会让孩子慢慢形成面朝过去的思维方式，而我们又经常要求孩子"面对未来"，这难道不是背道而驰？同时，把重点放在错误上，会夸大错误造成的后果，让孩子的恐惧和紧张膨胀和蔓延，从而堵塞她的思路，束缚她的能力。

所以，我给童童提出了聚焦未来的成果导向式问题：

"你希望面对李老师的时候，你和她是怎样的状态呢？"

"我想不出来。"

"你试着幻想一下，如果你给了老师合理的解释，老师会怎样呢？"

"嗯，李老师会微笑着，摸摸我的头说，好的，快坐下。我就会伸伸舌头，一猫腰就坐下了。"

我听见电话里童童的描述，感觉到在美好的幻想中，她的声音不再那么焦虑，我紧跟着，再追上一个面对未来的问题：

"你觉得你怎样做，这样的画面才会出现呢？"

"我会向老师道歉，告诉他今天早上打车的经历。"

"你的道歉会有怎样的作用呢？"

"哦，会让李老师知道情况，知道我也很着急。"

"是的，那除了了解今天的情况，李老师还特别想知道什么呢？我们都说成果导向思维，那李老师想要的成果是什么呢？"

"李老师想要我明天按时，需要我表达对他的尊重，需要我给他明天的早起方案。"

…………

面对未来，运用成果导向，体会李老师的感受和需要，童童的思路如宝藏一样，被打开，被发掘。当孩子带着明确的目的去做事情，特别是这个目的像一幅美妙的画面，就在眼前，且可以梦想成真的时候，便无形中体会到努力的意义，获得了能量。成果越清晰、越美好，越能聚焦，越能激励孩子。

或许你已经发现，我在和童童的对话中，加入了很多想象类的问题，那是因为脑科学研究结果表明，我们的左脑负责逻辑、推理，我们的右脑负责空间和想象。所以，我们需要加入视觉式问题，让左右脑同时工作，让孩子在右脑的引导下幻想美好的未来，在左脑的引导下去思考，去尝试解决问题。

所以，我们常用的错误惩罚和负面语言也会在孩子的大脑中留下可怕的画面：

"你不要上课不说话，老师不喜欢内向的孩子。"

"你如果学习不认真，就考不上二中。"

"看到叔叔不打招呼，这样特别不礼貌。"

美国作家唐纳德·沃尔什说："我们相信什么，就能体验到什么。"如果，我们带领孩子去相信他能够达成的目标，那么孩子能够体验到的是：

在课堂上发言时的才思敏捷；

在考试中游刃有余、深思熟虑地答题；

在和老师长辈交流时的挥洒自如，侃侃而谈。

他们看到了他们可能实现的未来画面，这样的美好情景吸引他们，鼓励他们，引导他们。

那如何用语言带领孩子去聚焦成果呢？我建议使用三连问法，在下面的问题清单中，选择连续问三个问题，让孩子一次次自己去清晰目标，强化图景，寻找意义：

聚焦成果的问题清单

给低龄孩子提问题：

- 宝贝，你想要什么？

- 你想这么做的原因是什么？

- 哇，这样做有什么用呢？

- 你为什么这么希望得到它呢？

- 它可以帮助你实现哪些愿望呢？

- 实现了愿望，老师会发现你有哪些不一样了吗？

给青春期孩子提问题：

- 你的目标是什么？

- 它具有什么样的意义？

- 它可以带给你怎样的好处呢？

- 是什么原因，值得你去做呢？

- 如果实现了你的目标，你的生活会发生怎样的变化呢？

- 如果你做到了，你可能会成为什么样的人呢？

我们的问题就像魔法师手中无形的线，拉动孩子的注意力，让他专注于目标和成果，而不是困难和过去。

同时，在和孩子们探讨目标的时候，我们有以下三个注意事项。

目标的数量——只有一个

俗话说，饭要一口一口吃，同样，成果也要一个一个摘。有的父母在和孩子沟通的时候，会罗列一系列目标，比如假期早上学习英语、下午打扫清洁、晚上做数学习题。成果导向的规划，不是一蹴而就，而是慢慢养成，我们和孩子只找到重点，设立一个目标，21天计划完成后，或者根据情况延展到90天，然后再设立第二个目标。

美国心理学家诺尔笛奇提出了三圈理论，他把人对于外界的认知分为三个圈层：

最里面的一圈——舒适区，对我们来说是没有难度或者已经习以为常的事物，待在里面，我们会感到安全舒服，当然，可能会有一些乏味和无聊。

中间的一圈——学习区，对我们来说有一定的挑战，但是也充满了诱惑力，里面充满了新鲜事物，未知领域，满足了我们天生的好奇心，以及期待自我发现和自我实现的需求。

最外面的一圈——恐慌区，完全超出了我们自己的能力范围，高强度学习的焦虑和压迫让我们喘不过气来，让我们充满恐惧，想逃之夭夭或者应付了之。

其实，孩子天生爱学习，想进步，只是好奇心强和喜欢有新鲜感的事物，不爱接受高强度的挑战。那如何让孩子的学习圈慢慢扩大，让孩子更愿意走入？从一个目标开始，小步前进。在本章的练习部分，我将分享给大家，如何像魔法师一样在学习圈里装满能满足需求的策略，通过R.M.R.A.提问法，把学习圈变得有趣，充满吸引力，从而解决孩子做家务的难题。

目标的大小——小步前进

如果目标设置得太大太空，就很容易让人失去动力，目标成为一个缥缈的空中楼阁，可望而不可即。

有些父母，一开始就让孩子描绘宏伟蓝图，比如成为伟大的数学家、世界上最厉害的足球队员，遥远的、不切实际的目标，只能叫作"白日梦"。真正的目标是触手可及的。只有让孩子一次次体验实现目标的兴奋，树立目标才可能成为孩子行动的发动机。

心理学家DH·查尔迪尼曾做过这样一个心理实验。

他把为慈善机构募捐的人分成了两组，他对第一组人说："哪怕捐一分钱也好。"对第二组人却什么也没有说。但是最后发现，第一组人的募捐金额是第二组人的两倍。为什么会这样呢？

查尔迪尼分析，一般而言，人们都不愿意接受太高太难的要求，但是对于挑战较小的要求，却乐于接受，同时，在实现了较小的要求后，人们才慢慢接受较大的要求。这也叫作"登门槛效应"或"小步前行"。

我曾经用成果导向和小步前进，解决了孩子的学习问题。因为国外的数学比国内慢两拍，所以童童涵涵每年回国都会补习数学。

我会找来国内相应年级的数学书，让孩子们翻看提纲，并在上面做记号。完全会的打钩，完全不懂的打叉。但是勾叉都不在孩子们的学习范围内，相反，没有记号的，似是而非，好像知道又不确定的，才是学习的目标。

因为这样的目标好像一步之遥，这样努力，最容易摘得胜利的果实。完成这个目标之后，打叉的内容感觉变得不再那么难，它又成了下一个成果导向的目标。

目标的方向——只能是正向

既然是目标，又叫作成果导向，而不是后果导向，那目标就一定是积极的。但是有些孩子会给你一个负面的目标，比如：

我的目标就是不学英语；

我要砸烂他的自行车才开心。

当孩子树立这样的目标时，我们首先要意识到，孩子已经陷入了负面情绪，这个时候，不是做成果导向的最佳时机，我们需要退回到情感联结的部分。只有我们和孩子情绪稳定的时候，孩子才可以积极思考，找到自己真正的目标。

③ Method——聚焦方案，精彩的点子闪闪发光

2014年，我带童童涵涵游览上海博物馆，带着一个无人机，结果丢了。

涵涵挎着无人机的纸袋，但是，他忘记了无人机放在哪里。呆滞了两秒之后，孩子们迅速做出反应。童童跑向出口，那是无人机可以带出的唯一路径。涵涵自告奋勇地留在原地，回忆事情过程，并等待有人主动归还。我呢，负责坐在路口，仔细观察来来往往的人们，并保持机动和后援。

在这个过程中，他们应用了以下方案：

① 询问现场工作人员；

② 询问负责清洁的阿姨；

③ 询问保安人员；

④ 到物品丢失台咨询；

⑤ 在物品丢失台要来纸笔，写了简单的寻物启事，放在路口、洗手间、休息台等位置；

⑥ 到出口拜托工作人员留意出口的人员；

⑦ 到广播站，让阿姨播放丢失信息。

还有一个小细节，童童为了减少"无人机"的诱惑力，她在广播中，把丢失物品描述为"飞机模型"。

孩子们没有追悔、推诿责任，而是马上想到目标，以及如何达成目标的方案，是因为在平日的沟通中，我们运用了聚焦方案式的沟通方式，比如以下的问题：

聚焦方案的问题清单

给低龄孩子提问题：

• 我们可以怎么做呢？

• 如果你有魔法，你会变出什么？

• 如果遇到困难了，我们可以想哪些方法来克服呢？

• 你觉得你什么最厉害？可以怎么做？

- 对，这个办法很好，还有其他更好的办法吗？

向青春期孩子提问题：

- 如何让这件事能够做成？用哪些方式确保它前进？

- 你的计划可以如何展开？同时不会对你造成太大压力？

- 如果这件事情在推进上出现了问题，你觉得原因可能在哪些方面？

- 你觉得你的优势在哪里？你如何把握它？

- 你如何把你的设想纳入你的计划？

在和孩子练习制定方案的时候，孩子可能会说："我不知道啊，我不想啊。"那怎么办呢？这里介绍三个方法。

肯定"不知道"

千万不要打击孩子，说他"不动脑筋、没办法"，即使他说："我不知道"。特别是对于已经习惯于家长给答案，或者曾经给过答案，被家长否定后不敢再回答问题的孩子，我们需要先鼓励。你可以点点头说："嗯，这也是一个答案，我特别好奇的是，你心里还有没有藏着其他答案？"

有限的选择

如果孩子依旧告诉你，他不知道，那家长可以提供至少两个可行的方案，孩子来选择，让孩子学会一点点开启思考，学会慢慢为自己做主。

例如，孩子已经认识不少字了，但是还是喜欢看图画书籍，也不愿意制定方案，那我们可以问他："你是选你读给妈妈听呢，还是我们一人读一段？"

头脑风暴

如果孩子有可能想出办法，我们就不要给予答案，因为答案会让人陷入"唯一"的固定思维，而不愿意再花力气，投入更多的精力发展自己的想法。

头脑风暴的原则是贡献答案，不评判，尽量多，所有的点子都是好点子。而且，只要我们不拒绝所有的答案，精彩点子就会像爆竹一样，一个个炸开。

9岁的Simon 刚刚开始读英文书籍时，因为生词多，烦躁地不愿意查字典，爸爸妈妈和她一起做了头脑风暴，列了一堆方法，比如：

抱着狗狗一起查；

和楼下保安踢球5分钟后再查；

给好朋友打电话问词义；

用软件翻译；

查字典；

不查字典跳过去自然就明白了；

…………

之后，Simon自己把方法写在扑克牌背面，烦恼的时候就闭着眼睛抓一个。

作为父母，我们需要成为孩子人生中的乒乓球拍，在乒乓球每一次下落的时候给予一点儿向上的支持，让孩子体会到，即使在他最低落的时候，也可能像乒乓球一样，拥有神奇的反弹力，让他对于自己的潜力有了更多的底气，对自我的能量有了把握和信心。

4　Resource——聚焦资源，外界力量就是孩子的臂膀

书房中，一位少年正在挑灯夜读。看来，这道数学题并不简单，他烦躁地把数学书往旁边一扔，气恼地说："谁出的题呀，这么难！"这焦躁的发声惊动了客厅沙发上的妈妈，她起身走进书房。

少年扔完了数学书，正打算把练习册也扔掉，好像扔掉它们，也就扔掉了烦恼。

妈妈急步上前，一把拿过练习册，看了看作业，然后说："哦，这题是二次不等式，即使是我做，也需要动脑筋，花时间。"很明显，妈妈已经拥有了同理心，短短几句，已经能够抚平孩子的情绪，并构建起亲子间沟通的桥梁。

少年听了妈妈的话，耸了耸肩，唉，一声叹气，感觉放松了很多，但是依然觉得有些泄气。

那接下来，妈妈怎么做，能够让孩子解决问题呢？我们来看看三种不同的场景。

第一种

妈妈坐在少年的旁边，拿起纸笔，帮助少年计算，边计

算，边讲解，少年边听，边频频点头。妈妈只花了两分钟就把题目解答出来了。

少年佩服地说："妈妈，你真厉害！"

第二种

妈妈也不会做，但是她相信，只要耐心、仔细，善于钻研，难题最终会被克服，就像她现在从事的行业，以前她也不懂。她给孩子分享了自己的经历、经验，对孩子说："妈妈可以，你也可以的！"

少年佩服地说："妈妈，你真厉害！"

第三种

妈妈仔细地倾听了孩子在这道题上的困惑，然后说："如果每道题你都会做，那说明你没有学到新的东西，终于，现在有一道难度升级的题出现，这是学新知识的好机会哦！"

妈妈首先肯定了问题的积极意义，然后问：

"你以前遇到过类似状况吗？

"你想过哪些办法？

"如果你暂时不会做，你可以请求哪些人的帮助？

"如果有一个地方，你能够解答这道题，你觉得会是哪里？"

在妈妈的引导下，孩子虽然没有完全解答出来这道题，但是他已经想到了：

可以每天发作业的时候，难的作业在学校做；

如果晚上没做完，选择睡觉，第二天早起，问数学课代表；

用上错题集，将难题归纳在里面，复习的时候看。

整理完自己的思路，他笑着对妈妈说："谢谢妈妈！"心里暗暗对自己说："我还是挺厉害的，看来解决问题，有很多种办法。"

这三种场景，你更认同哪一种？

我猜，是第三个。

因为第一个和第二个，展示的、证明的只是妈妈的能力。

我们每个人都喜欢有意识，或者无意识地展示自己的能力。但是作为家长，请记住，去收敛自己解决问题的能力，转向练习提问的能力，只有孩子自己找到的答案，那才是属于他的答案，只有孩子发现了自己的能力，那才是属于他的能力。

哲学家尼采曾说："人和树是一样的，越是向往高处的阳光，它的根就越要伸向黑暗的地底。"所以，不要急于去解救处于困难中的孩子，让他在黑暗里稍作停留，因为他正在积蓄蓬勃生长的能力。

聚焦资源的问题清单

要让孩子意识到，他并非孤军作战，只要他拓宽思路，就会发现他还有很多的资源和后援。

那如何引导孩子聚焦资源呢？你可以从以下五个方面来引导孩子。

✓ 地点：你觉得，在哪里能够更好地解决这个问题？

✓ 时间：什么时候呢？

✓ 人物：谁是最能够给你提供帮助的人？

✓ 工具：有什么工具能够帮到你？

✓ 其他：还有什么资源？它如何能够让你的目标达成？

怎样的问题才会给孩子带来最大的快乐和最深的满足感呢？有一点点难度，好像踮起脚，就能触手可及。

当孩子的天赋在回答问题时得到发挥，当他在寻找答案中创造了新的思路，孩子就会这样去看待自己："哇！原来我是这么有智慧的一个人呢！我居然可以搞定这件事情，看来，我也可以挑战更大的难题！"

5 Action——聚焦行动，让孩子多点儿掌控感

2016年暑假结束，童童将和弟弟出国读书，走之前，她告诉我，她不愿意和弟弟一起坐飞机。这让我紧张了一下，弟弟还不到12岁，按航空公司的规定，12岁以下的孩子，不能单独乘坐飞机。不过，定定神，我来帮助童童找需要，找到具体的解决方法。

我："童童，是什么原因，让你想和弟弟分别飞行呢？"

童童："不想和他一起坐飞机，很累的。"

我："哦，和弟弟一起飞，你感觉有些辛苦。那如果要飞得轻松，你希望弟弟能做些什么？"

童童："我只是希望弟弟能够独立、能干一点儿。"

我："嗯，那你具体说说，弟弟怎么做，可以称之为独立、能干？"

童童："他那么大了，知道的。"

我让涵涵过来，我们一起来聊聊这个出行的话题。

我："涵涵，姐姐希望你坐飞机的时候能够照顾好自己，能够独立一些，这样你们的出行可以轻松自在一些。你能做到吗？"

涵涵点点头。

我："那你知道姐姐希望你怎么照顾自己吗？"

涵涵："我跟着她，不迷路。不知道了，姐姐你告诉我吧。"

童童："我想你下飞机的时候，别睡着了。你瞌睡大，喊你喊不醒，我好心焦哦。还有，在转机的时候，帮我拿下行李，我就可以轻轻松松到处寻找登机口，还有，在飞机上吃东西的时候，也问问我吃吗……"

涵涵："姐姐，我OK的。你可以给我一点儿钱吗？在我们分开的时候，我包包里有点儿钱，心里有底。"

姐弟俩愉快地探讨着他们可以做些什么，还根据相互的请求拟了一个"姐弟快乐行"行程计划。这次旅程，他们配合默契，相互照顾。

聚焦行动，是最后也是最重要的一步，在讨论行动的时候，我们也可能会像童童涵涵一样，表错情，会错意。所以，在邀请孩子行动的时候，我们要用问题，引导他们说出来，他希望自己和对方做些什么。

同时，在问题中要注意以下两点。

既清晰，又具体

有的时候，我们喜欢用抽象的行动方向代替具体的行动步骤，就像童童对弟弟曾经说过的"独立、照顾自己"，弟弟认为的是跟着姐姐不走丢，姐姐认为的是按时下飞机、帮她拿行李、有好吃的问问她。所以，如果不确定具体的行动策略，两姐弟可能就因为对"独立，照顾自己"的理解不同，而误认为对方反感自己。所以在行动中，我们要让孩子们说出，想要自己和对方做什么。

如果抽象含糊，无法量化，他人就有可能把你的困难当作刁难，把你的纠结当成排斥。这不仅在引导孩子和与孩子的对话中很重要，父母在和孩子沟通时，也要清楚、明白、具体。

小行动、大仪式

我们的行动，可以是一个特别小而美好的轻启动，就像起航的帆船流畅地轻轻滑离港湾，而不是遭遇大风大浪，还未离港就失去了远航的勇气。

记得有一位爸爸，上完课之后，想全面改变家庭的状况，但是繁重的工作让他应接不暇，无法完成的宏愿让他总是感到负疚，这样的情绪感染到家人，我让他把行动缩小到最舒服、最自在的状态。他想了想，从每天早上亲亲8岁孩子的脸蛋开始。当第一周，他圆满地完成了自己的小行动，看到家庭的变化时，他感到无比的畅快。

同时，我们要注意小行动要有大仪式，当你鼓励孩子行动时，你可以和孩子击个掌，也可以来个起航大餐，你还可以让孩子给行动起个名字，就像给彗星取名哈雷，名字寄托着孩子对行动的期待。

如何提出关于行动的问题呢？一个具体清晰的问题清单交给你：

聚焦行动的六个问题清单（4W1H1F）

• When：什么时候开始？需要做多长时间？间隔多久？

• Who：由谁来做？由谁来协助执行？由谁来评估？

• Where：从哪里开始？在哪里做？

• What：给这个行动起一个什么样的名字？我们每个人的代号是什么？

• How：如何才算完成？完成了如何激励？

• First step：第一步怎么做？何时做？从哪里开始？

在这六个问题的引导下，孩子不但能够对如何展开行动有清晰明确的规划，更重要的是，在这个过程中，孩子有了一种掌控感和责任感，有了动力和勇气。他们可以沿着4W1H1F搭建的阶梯，将自己的规划，一步一步落地践行。

☆ **练习18：运用R.M.R.A.，让我们来一次愉快的家务吧**

请参考每个步骤的问题清单，并按以下顺序操作。

R聚焦成果：邀请全家人一起来想象一下我们希望有一个什么样的家。可以画成一幅美丽的图案。

M聚焦方案：我们一起来头脑风暴，如果要让家像想象中那么干净、整洁，需要做一些什么样的工作？我们一起列清单，越小的孩子，理得越细致。例如：擦桌子、摆盘、饭后收拾等。

R聚焦资源：家里有哪些成员，邀请每个人认领自己的家务。我们有哪些工具可以使用？如果想让家务更轻松，我们还可以用哪些资源？（比如放音乐，听笑话等）和孩子一起寻找工具，并模拟演示。

A聚焦行动：每个成员何时做（建议最好同时一起做家务），如何互相协助？第一步从哪里开始？举行一次充满乐趣的开工仪式吧！（仪式中包括给家务活动取名字、给岗位取外号、设计开工口号、做完之后拍照发圈、吃庆祝大餐等）

第七章

赋能： 持续行动，让我们一起幸福一生

曼德拉曾说，我们最大的恐惧，不是我们没有能力，我们最大的恐惧，是我们强大得无与伦比！

但孩子却在与外界的撞击中开始怀疑，开始隐藏自己这份与生俱来的能量，他们或许会变得战战兢兢，小心翼翼。

别让孩子低估了自己，作为父母，我们需要履行召唤孩子天赋的使命，时刻提醒孩子——你生而不凡，自带光芒。

只有孩子知道自己有多美妙，只有孩子足够爱自己，只有孩子体会到自己的能力能够给他人带来幸福，他才可以释放出耀眼光芒，真正赢得自己，赢得这个世界。

第1节

孩子受挫时，
家长需要具备三种能力

孩子只有拥有足够强的"我本来就很好"的信念，他才可能拥有面对挫折的底气。即使犯了错误，孩子也不会像走在雷区那样不敢迈步，即使失败，孩子也不会如杯弓蛇影般惶恐怯懦。

但是如何从遭遇的，哪怕是看上去很"倒霉"、很"挫败"的事情中获得能量呢？这就需要家长在这些时刻，给予孩子接纳、肯定和有爱的强制力。

1 孩子心里的存钱罐，装着面对挫折的底气

拥有面对挫折的底气，并非一日之功，这底气是长年累月，点滴累积起来的。就像我们小时候存钱的经历。还记得，每次有零钱，我们就会把心里的小窃喜和零钱一起丁零当啷存进罐子里。零钱越积越多，心里越来越踏实，越来越有劲儿。当看到自已心仪的小玩意儿，就豪气地支付，然后尽情地享受着新玩意带来的惊奇。但是如果想要的物品太大，太贵重，囊中羞涩，心里就没了底，只有默默地看着，怯怯地不敢上前，因为动辄就有透支的风险，承担不起。

其实我们的孩子心里也有个存钱罐，它关乎着勇气、能量和自信。

每当孩子们受到鼓励和支持，或者感受到开心和幸福时，他们就会欢呼雀跃着，在心里的存钱罐里存上一笔钱。只有内在的存钱罐变得富足，孩子才能处变不惊。

或许讨论到这里，你心里曾有的疑惑已然化解：为什么我做好沟通准备，在沟通中也注重了温情暖意和问题引导，但是，我的孩子还是遇到一点儿困难就逃避、拒绝？是因为他缺乏抗挫、试错的能力？

不。

那是因为孩子的存钱罐里的存贮严重不足。越是重要的挑战，越是需要更多的勇气和能量。

我们可以在这个存钱罐里，每天帮助孩子存上一点点勇气、能量以及自信。让他无论是在遭遇挫折时，还是享受成功时，都能有足够的底气，去迎接生命历程中各种神奇的机会，去探索更高生活目标的可能。

② 反转力：让孩子反复确认"我能行"

如何才能让孩子时时存"钱"，而非透支呢？家长首先要具备反转力，在孩子遭遇任何事情时，去肯定他、鼓励他，带领他发现自己的潜力。但在现实生活中，有些家长却背道而驰，他们喜欢用打击的语言去考验、训练孩子的抗挫能力，希望用这样的方式去激发孩子的动力，但真的可行吗？我们先来看一个跳蚤实验，以及它背后蕴藏的道理。

有一位科学家，把一只跳蚤放到桌子上，让它自由活动。跳蚤可以自由自在地轻松跳达高出它身高好几倍的高度。然后，科学家将跳蚤移到玻璃罩子里，跳蚤每每高高跃起，都被玻璃罩顶了回来。随即，科学家又逐渐降低玻璃罩的高度，敏锐的跳蚤也慢慢降低自己跳高的幅度，以免被碰疼头顶。最后，当玻璃罩接近桌面时，跳蚤已经不再跳跃。最后，科学家拿走了玻璃罩，期待跳蚤还可以像以前那样生机勃勃，但是这只跳蚤已经失去了跳跃的意愿，只愿意伏地爬行。科学家把这种现象称为"自我设限"，也叫作"跳蚤效应"。

这像不像有些时候，我们和孩子的互动方式？在语言中给孩子施加种种压力，期待他知耻而后勇，在压力中崛起。但事与愿违的是，我们的孩子为了适应环境，为了顺应大人的意志，可能会主动地降低跳跃的高度，减少自己尝试的勇气，因为一次次的打击和挫败渐渐地削减了他们的信心，他们弱小的心灵已经承受不起一次次失望和灰心。

接下来，我们再来看看在孩子遇到挑战时，家长的两种具体语言模式，哪种可能让孩子感到消极失望，哪种可能让孩子感到积极鼓励，同时，你愿意选择哪一种？

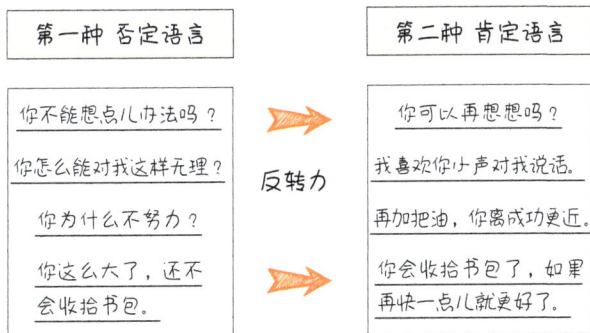

第一种 否定语言		第二种 肯定语言
你不能想点儿办法吗？		你可以再想想吗？
你怎么能对我这样无理？	反转力	我喜欢你小声对我说话。
你为什么不努力？		再加把油，你离成功更近。
你这么大了，还不会收拾书包。		你会收拾书包了，如果再快一点儿就更好了。

我想答案可能是意料中的一致，第二种——肯定语言。

使用否定语言，不仅指向不清，最严峻的后果是让孩子陷入自我质疑，感到压抑烦躁。还记得我们一直强调的目标导向吗？我们每一句话都会在孩子大脑里描绘一幅愿景，当我们说"你不行"时，或许在他自己都意识不到的情况下，他的大脑里就已经出现了失败沮丧的场景，当我们说"你不能"的时候，他大脑中会创造出局促羞愧的画面，孩子会问自己：

我真的不行吗？我真的做不到吗？

当我们重复使用这样的语言，就相当于在孩子的大脑里一次次敲击确认键，"我不行""我不可以""我不能够"，多次反复后，他会真的认为"我不行"。

记得之前带孩子们去一所国际学校面试，同行的有四个孩子，校长让孩子们随意提问题。童童问了10多个问题，包括涵涵在内的3个孩子都没有提问。另外两个妈妈急切地问孩子"你为什么不提问呢？怎么这么不积极？"连着两个否定句，让两个孩子更加慌乱，无可适从。我则对涵涵说："我猜，你在等待你感兴趣的问题，对吗？"涵涵用力地点点头。在一个小时之后的物理考试中，他提了好几个问题，和老师积极地互动。

面对生活中类似的状况，连大作家马克·吐温都显得有点儿着急，他曾说："我能教任何人如何得到他们在生活中想要的东西，问题是我找不出一个人能告诉我，他到底想要什么。"

孩子的大脑就像一片肥沃的土地，如果我们家长想要它结出"我想要，我能行"的果实，那么家长就得给它播下"我可以，我能够"的种子。但是，事实上，很多的家长都给孩子们播下"不可以，不能够"的种子，很自然地，孩子自己就得出"我不要，我不行"的果实。所以，在孩子从青涩走向成熟的过程中，关键是我们家长，种什么？怎么种？

让我们刻意练习肯定句式，同时，运用两个方法帮助孩子将否定句反转为肯定句。

如果法

假设孩子说："妈妈，我不敢去询问阿姨在哪里上车。"

你可以回答说："如果你敢问，你将问她什么呢？"

假设孩子说："我不想和哥哥玩，他总是欺负我。"

你可以回答说："如果你愿意和他玩，你想玩哪个游戏呢？"

运用"如果法"，帮助孩子们将否定语言反转为肯定语言，同时引导孩子想象出正面的，可能发生的美好场景。

小步法

还记得我们在上一章讲过的小步前进吗？我们同样可以运用在这里。

假设孩子说："妈妈，老师说，期末我可以考到全班前十名，我担心我做不到。"

你可以回答说："那我们今天就努力一小步，可以做些什么呢？"

假设孩子说："天气好热，暴晒，烦死了！"

你可以回答："真是热啊，如果我们可以凉快一点点，我们可以做些什么呢？"

无论是如果法还是小步法，我们都不为过去懊悔，不为未来担忧，而是用反转的力量，立足当下每一步，带领孩子朝向一个积极正向的未来。

③ 接纳力：父母学会管理期待和现实的差距

当孩子与我们的期待背道而驰的时候，重在保护孩子的尊严。

或许我们会面临重大的失望，当孩子违背他自己的承诺的时候，当孩子的成绩一落千丈的时候，当孩子沾染不良社会习气的时候，我们会用激烈的言辞来表达我们的痛苦和愤怒：

你是一个不值得相信的人……

你太让人失望了，早知道我就不应该同意你……

我这么辛苦，为你付出，你怎么这么不懂事呢？……

我们想用这样的言语刺激他反省、追悔，但是事与愿违，大多数时候，孩子的认错只在于表面的敷衍，而内心却因为你对他人格的否定而愤怒反抗，特别是青春期的孩子，尊严是他们坚守的底线，我们一旦越过，就会使双方关系被割裂得鲜血淋漓。

去年暑假，涵涵的手机规则执行得非常顺利，但是我出差了4天，当我回家时，外婆告诉我，涵涵有的时候，9:00不愿意将手机交给外婆，所以，只有放弃执行计划。

那天晚上，我非常郑重地和涵涵谈话，就如同和一个成年人谈话：

"妈妈非常尊重你自主的权力，也尊重我们之前关于手机的约定，你之前遵守得很好，甚至超出了很多大人的自律能力，妈妈很欣赏你。

"这次妈妈出差，听外婆说，有两次9:00的时候，你没有将手机交给她。一个受人尊重的男孩子需要首先尊重自己的话。如果你觉得手机制度不合理，你可以提出来，我们商量修改，但是在新的手机制度出来之前，你的承诺需要你来保护和执行。"

美国作家科里·帕特森用一个恰如其分的比喻来说明尊重的重要性：

"尊重感就像空气，当它存在时，没人会想到它，但是，当你把它拿走，人们脑袋里面想的就只有尊重。"

当我们和孩子互相尊重时，我们就有了交流的可能，但尊重一旦丧失，孩子会立马把你推到敌对的阵营。无论孩子做出怎样的不当行为，无论我们多么地生气，一定要坚守对彼此的尊重，因为尊重是作为一个人被平等对待的底线。

当孩子无法达到我们的期待时，用心捕捉孩子的优点。

在荷兰的一家小学里，瑞可老师正在给孩子们上美术课。今天的主题是"你的最爱"。

孩子们的作品充满了天马行空的想象力，有的画的是自己温柔可亲的妈妈，有的画的是机甲战士，有的画的碧海蓝天，但是转学而来的丽莎却把画纸涂得花花绿绿，不知道她想要表达的是什么。丽莎看看同学们的作品，看看自己的，羞愧地低着头。看着老师慢慢走近，她悄悄地把画纸遮住，紧张地用目光偷偷看着瑞可老师。

瑞可老师面带微笑地走了过去，蹲下来看着丽莎的作品，然后惊讶地睁大了眼睛。接下来，瑞可老师把丽莎的画举得高高的，让每一个小朋友都仔细观看，丽莎的心怦怦跳，她不知道老师会怎么点评她的画。

"孩子们，你们数一数，丽莎的画里有多少种颜色？"孩子们认真地数了起来，"22。""不对，23。""24。"原来丽莎用了24种颜色。大家都为丽莎鼓掌，她在一幅画里，用上了最多、最绚丽的色彩。

转学来的丽莎感受到了莫大的鼓舞，她看见每一个小伙伴对她的欣赏，从那天开始，她越来越愿意和大家融为一体，越来越喜欢新学校和新同学。

秋叶大叔曾说："每个被赋能的人，其实是自己发现了自己的潜能。"

但大多数时候，孩子却无法全方位地、深入地去发现他自己。而我们父母，就需要在此时，学会管理好期待与现实的差距，同时去点亮一根火柴，照见孩子本来就有，却还没有绽放出光华的东西。

一旦他们看见了自己的光彩夺目，他们就愿意在梦想之路上，做出勇敢的尝试。

曾经有些家长带着孩子来拜访我，一来就当着孩子的面告诉我孩子的各种缺点，不讲卫生、不守纪律、不懂得体谅大人。孩子的脸通常会越来越暗淡，行为越来越局促不安。低龄的孩子还可以在家长的威慑下静坐，青春期的孩子就会愤愤然，离席而去，而这又成了孩子青春期叛逆的证据。

之后，我会让家长们来的时候，当着孩子的面告诉我孩子的五个优点，当孩子感到兴奋不已时，我会问："你想要得到的第六个优点是什么？"然后抛出R.M.R.A.四个聚焦式问题，当孩子们感受到兴奋满足时，往往会大胆设想、积极行动，超越曾以为不可能的障碍。

当孩子和我们的期待一致，但依然有距离时，运用关注成就的核心问句。

我的童年好友April早年移民美国，现在已是三个孩子的母亲。

一次，April带领全家去观看小儿子Mike的足球比赛。比赛现场人头攒动，双方的啦啦队的加油声此起彼伏，每个人都期待自己支持的球队能获得胜利。逼近最后关头，比分2:2。但对方球员一个漂亮的头球决定了Mike球队的失败。随着裁判的一声口哨，比赛结束。球场内掌声雷动，对方球员兴奋得向观众席挥舞双臂，而Mike和他的队友们则蹲在角落，垂头丧气。

这个时候，April呼唤全家成员和观赛的家长们起立鼓掌，并飞奔入场，她和大女儿双手拉在一起，形成一个美丽的跨栏，二儿子带领着其他家长，欢笑着邀请小儿子和他的队友们，一个一个越过跨栏，她送给每一个球员一个腕带，上面写着：欣赏你，你所付出的努力值得我们为你起立鼓掌！

我相信，我们和April一样，并不特别在意成败，看重的是每一次经历带给生命的意义。当孩子离我们的期待，或者离他自己的期待还有距离时，我们可以教给他，如何管理自己的期待，让孩子从付出的努力里，从已经获得的成绩中去寻找动力。

那如何让孩子深入到已经取得的成就中去呢？可以用这样一个核心问句：

"你怎么做到的？"

这是一个有魔力的句子，它就像汽车的油门，你只需轻轻一踩，汽车便会加大马力，飞驰而去。

12岁的晓哲正入迷地看着小说，但全家约好晚上一起出去聚餐，千呼万唤之下，晓哲黑着脸出门了，一路上一句话也不说，爸爸拍拍他的肩膀，他也烦躁地甩开爸爸的手。爸爸知道晓哲需要一点儿时间管理自己的情绪，他默默地撤退，让晓哲和自己的情绪待一会儿。20分钟后，他看晓哲慢慢平复一点儿，便靠近晓哲，对他说："晓哲，虽然看小说很容易入迷，但是你依然能够放下它，出门陪一家人吃饭，谢谢你。我看你刚开始心情有点儿烦躁，现在好多了，嘿，你是怎么做到的呢？"这可打开了晓哲的话匣子，他告诉爸爸，他烦躁时，一个人待待就好了，这不是什么大事。同时，他也知道爸爸工作很忙，难得周末休息……

当我们问孩子"你怎么做到的？"

他的大脑里，就会"唰唰唰"出现刚才的情景，或许之前没有那么清晰，但是在这句话的引领之下，他梳理自己的情绪，心念转换的经历都会慢慢浮现，他对自己的决定会更加笃定。

在孩子努力之后，我们可以及时提出这样的问题。当他跟随着这个问题，再次回首时，会发现曾经的困难只是小事一桩。就像跆拳道黑带选手慢慢练出强健的肌肉后，再看看曾经踢不破的木板；就像游泳冠军抵达终点后，再回首起步的那100米。累计的能力和自信越来越多之后，就算难度逐步升级，孩子也会无所畏惧。

4　强制力：宝贝，我爱你，同时我不能答应你

提到强制力的时候，大脑里很容易跳出尼采的一句话："那些杀不死你的，会让你更强大！"秉乘着这个观念，我们都刻意为孩子升级各种难度，我们相信抗挫力是在苛责的暴风雨中顽强锻炼出来的，但是我们没有意识到，大部分的成长萌芽，却已经在暴雨里中损毁坍塌。

要求孩子每天必须背100个单词，从那以后，孩子心里热爱语言的种子，被损毁。

严守规则，当孩子再次忘记将名字写在画作的右下方，而是将其写在背面的时候，我们批评嘶吼，孩子心里热爱艺术的种子被损毁。

动作磨蹭，吃饭吃到最后一个就必须洗碗，从此，孩子心里主动分担家务的种子被损毁。

与此同时，我们很容易走到另外一个方向，亲切柔和、自由开放地对待孩子。只要给他一片沃土，孩子寻求挑战的天性就会自由发芽，野蛮生长。

让孩子自由选择，数学成绩不好没关系，反正以后用不上。有了这个结论，拒绝学习数学就有了理由。

让孩子自主决定，动作慢一点儿没关系，保护他的节奏。有了这个默许，孩子不再在乎他人的感受。

让孩子自己领悟，现在爱丢东西，长大一点儿就好了。有了这个纵容，我们和孩子都在等待长大，而忽略了任何习惯都需要刻意练习。

那么，如何在沟通中培养孩子解决问题的能力？既不是冷毅如刚的强制，也不是春风化雨的柔和，在这两个极端之间，有一条细细的中线，这条线既有着强制的坚持，也有着柔和的浸润，它既承载着爱，也贯穿着稳健，我把它叫作有爱的强制力，我们可以运用三个一的方法，来实施有温度的强制力。

一个默契

和孩子之间约定一个默契，可以是一个动作、一个表情或者一个词。下面所列举的，是来自我的家长学员和他们的孩子之间的默契。

挑战：孩子弹琴，手形容易塌陷。

一个动作的默契：妈妈不说一句话，手做出空心弯弓形，提醒孩子。

挑战：孩子回家，先跑去逗狗，而忘记写作业。

一个表情的默契：妈妈之前和孩子约定过，提醒的表情是"伸出舌头舔鼻子"，孩子看得哈哈大笑，妈妈牵着孩子手，回到书桌。

挑战：孩子总是不由自主地驼背。

一个词的默契：背。代替了唠叨的"你怎么总是伸不直""你再这样下去就成了驼背，矫正不过来了"。

一份坚定

当孩子面临挑战的时候，他会因为关注困难，暂行性地忘掉他自身拥有的品质和潜力，我们要坚持我们的决定，同时及时给予包含理解和支持的鼓励，唤醒他内在的冒险的天性和勇气。

我知道要考上二中，你所付出的要比我们动动嘴说的艰难得多。不管多么艰难，妈妈和你一起坚持，我相信，你拥有这样的能力。

你一定得离开家，独自参加夏令营。虽然第一次离开我们，你会舍不得，其实，妈妈更舍不得。但是，我得放手，因为，很多事情，你要自己去经历，妈妈会在家里牵挂着你。

你是可以的。你自己的经历就可以证明。就像上次你从不敢坐过山车，然后鼓起勇气，玩了所有游乐场的挑战游戏。当你尝试过，回头再看看，是否曾经的困难都不值一提？

一个游戏

运用自我强制力游戏，让孩子将被强制的被动化为自我强制的主动，将对强制的反感和抵触，转化为带着冒险和好奇的尝试。这是我特别喜欢的刻意练习的方式，也常应用在我和孩子们的生活中。

每周二、周四晚餐前，我和孩子们都有一个自我强制力游戏时光。规则是：

- 每个人给自己设立一个强制力项目，同时需要得到其他人的认可；

- 该项目是自己平时不喜欢或者不擅长的；

- 该项目应符合PURE原则（正面的Positively stated、了解的Unstderstood、相关的Relevant、道德的Ethical）；

- 实施时间15~20分钟。

在自我强制力游戏中：

我尝试了学英文Rap；和涵涵一起读晦涩难读的物理类书籍；打《绝地求生》游戏……

涵涵学会了擦抽油烟机；尝试了边气喘吁吁地爬楼梯、边背30个英文单词……

童童尝试了阅读心理学类书籍；连续20分钟不停地仰卧起坐；毫无准备即兴演讲……

在强制力游戏里，我们发现原来自己不喜欢的，不擅长的，慢慢变得可爱和容易，我们的能力边缘也随着一次次练习变得愈加扩大，我们的自我认知也随着一次次练习更新和突破，而我们的接纳力、同理心也在欢声笑语里得到了提高和增强。

特别注意的是，在游戏过程中，我们需要保护孩子的安全感和价值感，尤其是在完成项目后，我们会进行反馈，这个反馈是游戏，最关键的一步，有了它，自我强制力游戏才会有精彩的结局。

☆ 练习19："Yes，and"游戏，把事故变成了乐趣

或许大家有一个问题：如果我们暂时还没有发展好自己的接纳力，可孩子的行为又时时挑战我的期待底线，怎么办？

情急之下，我们可能脱口而出的就是"不行！""不能""不可以"但是，一个简单的"不"，就可能阻断了孩子的探索和创意。给大家提供一个很简单的办法，来自即兴戏剧里的"Yes，and"（可以，然后）游戏。

这个游戏怎么玩呢？在戏剧中，无论对手出现了怎样的意外状况，让我们多么不能接受，我们都要先说"Yes"，去接受现状，再加上一个"and"，去合力地积极地推动剧情。

"Yes，and"游戏引入亲子沟通的美妙在于，用这两个简单的单词，把我们拒绝孩子的心态，转变为一个接纳的心态，把有条件的期待，变成了一个完全开放的未来。

接下来，我们通过一个案例，来看看小丸子妈妈的尝试。

周末的一个下午，小丸子妈妈正坐在沙发上回复短信，忽然有人拍她的后背，她扭过头一看，天啊，小丸子和她的好朋友妞妞的脸上沾满了黑乎乎的瓜子壳，两个小姑娘嘻嘻地傻笑着，有洁癖的妈妈恨不得大吼一声："哎呀，有多少脏口水在上面啊！"然后一把将她们拎到卫生间水龙头下冲干净！还好，这个时候，"Yes，and"访问了她的大脑，于是小丸子妈妈定定神说："哇，很好啊。"

妈妈先用了一个Yes让自己接受现状，然后想了想，继续说："嗯，两位神奇的印第安少年，这满脸的图案代表了什么谜语呢，你能告诉我吗？"

说完，妈妈长长地吁了口气，这个表达and的问题，对一次尝试这个方法的妈妈，还真不容易啊。

"这个谜语就是，瓜子要在我们脸上开花啦……妈妈，什么是印第安少年呢？"两个小姑娘咯咯笑了片刻后，小丸子好奇地提出了问题。

接下来，妈妈带着小丸子和妞妞，从书架里找出《国家地理》杂志，那天下午，小丸子和她的好朋友第一次知道了印第安少年脸上的花纹大多是红的、黄的这些来自大自然的颜色，是为了隐藏起来，躲避猛兽和集体围猎，她们还知道了原来好吃的甜玉米来自印第安人的培育……

小丸子妈妈特别庆幸，自己没有用已成习惯的"No，why"（不，为什么），而是运用"Yes，and"这样的俏皮而温柔的对话方式，它带来了延展思维的灵动，并让妈妈和孩子在其中感受到灵动的快乐和不谋而合的乐趣。

第2节

孩子成功时，
抓住挑战带来的快乐和意义

当孩子们经历某件事情的时候，他很容易沉浸于当下，全然投入。比如：

心里忐忑紧张，用尽全部的勇气，主动回答了一个并没有十分把握的问题。

将体力发挥到极致，筋疲力尽地完成了一次1000米长跑。

或者，在上文的"强制力"游戏中，刚遭遇了一场不太喜欢，甚至有点儿痛苦的经历。

诸如此类的挑战，每天都在发生，不胜枚举。

但每每战胜一次挑战后，都有可能迎来一次全身心感受幸福的契机。但非常遗憾的是，我们往往会忽略这个整理思路、认知自我的时机。

所以，不要让这段经历轻易过去，父母可以通过三种对话模式，带领孩子去满怀敬畏地回顾自我，品味在这个过程中的新发现、新体验、新创造，去体会挑战带来的快乐和意义。当他越能体会到成长的酸甜苦辣，就越能对自己赞叹不已，就会更加自信地面对下一次即将到来的挑战。

1 回顾细节，孩子会更加认可自己

刚读一年级的小吉米在学校得到了五个赞，放学后，小吉米笑靥如花地奔向妈妈。妈妈牵着小吉米的手，说："小吉米，你觉得是什么原因，老师送了你五个赞呢？"

"新来的小鹿儿上楼梯的时候摔了一跤，她哭了，我哄哄她，她就不哭了。"

"哦，你这么有办法啊？告诉妈妈，你是怎么照顾小朋友的呢？"

"我跑到她身边，帮她看了看腿，没有伤口呀。然后我帮她吹了吹，问她好点儿吗。"

"哦，你像小医生一样，先观察，再治疗，对吧？你吹了吹，小鹿儿感觉怎么样呢？"

"她说开始热热的，有些痛，我吹的时候凉凉的，舒服些了。"

"哦，你还对她说了什么吗？"

"我说，小鹿儿，你先坐在地上等我，我去喊老师来。"

"然后呢？"

…………

小吉米妈妈仔细引导着小吉米，让她将今天帮助小鹿儿的行为运用观察的语言，仔细描绘出来。

当小吉米重新回到那个场景的时候，她"吧嗒吧嗒"像小喜鹊一样兴奋地述说。她的述说和妈妈的反馈交织在一起，带领她第二次回到现场，犹如时光再现般让她慢慢回顾了自己当时的行为和感受。通过这样的反复述说、反馈、提炼与总结，小吉米会感到幸福与满足，认可和赞赏自己，同时给自己大脑中植入这样的信念："我是能够照顾他人的，我是有能力给他人带来幸福的。"

❷ 表达感受，让孩子内心充实又饱满

妈妈带着八岁的晨晨在游乐场玩了两个小时，快到回家时间了，可是晨晨还是意犹未尽，妈妈打算和晨晨商量下。

"晨晨，我真的有些累了，跑得腿肚子都酸疼了，我们可不可以现在回家？"

"妈妈，可是，我还想玩一会儿。"

"那我怎么办呢？"

"妈妈，你就乖乖地坐着，我就在这里玩沙堆和转转椅。

十分钟以后我们就回家。"

十分钟以后，晨晨如约而至。

"晨晨，你信守了你的诺言哦。妈妈开始还有些担心，到九分钟的时候，我喊了一声，但心里很紧张，像打小鼓一样。我在想，如果你没按时回来怎么办呢？我可真累了，没有力气去找你了。现在我放心了，而且放松了，心里一高兴，酸疼也不那么明显了。"

"真的吗？"晨晨听到自己的行为给妈妈带来了轻松和欣喜，眼睛里也兴奋地闪烁着小星星一样的光芒。

"对啊，那你呢？"

"我也很快乐呀，像小兔子一样。"晨晨像小兔子一样蹦跶着，快乐着。

妈妈分享给孩子自己的感受，传递发自内心的喜悦，让孩子体会到，原来守信可以让他人感到如此放松和快乐，原来，带给他人幸福的感受，会让自己这么有满足感，成就感。晨晨又往心里那个关于"勇气、能量、自信、自我价值感"的存钱罐，投下了一枚金币。

③ 说出需要，召唤孩子的使命与愿景

如果有一天，你路过一个未完成的建筑物，看见三个忙忙碌碌的工匠，你好奇地向他们询问："你们在做什么呢？"

第一个工匠说："我在完成工作。"

第二个工匠说："我在挣工钱。"

第三个工匠说："我在创造一个伟大的神殿，建成后，可以让很多人在这里遮风避雨，可以让很多人在这里祈祷自己幸福的未来和美好的梦想"。

同样的工作，但是第三个工匠却因为看见了自己的付出为别人带来的好处，而更加享受和热爱自己的工作。同样，如果我们能够带领孩子看到他的奉献，以及带给他人的影响，是否更能激发他的幸福感和使命感？

这个观点的思考，源于一次我和涵涵的对话。

"涵涵，太棒了！"我边敲键盘边对涵涵说。

"妈妈，"调皮的涵涵一把扭过我的脸，问，"是我棒

吗？我哪点棒呢？"

涵涵的这个问题让我的心里一个激灵，"太棒了"三个字，不足以让他看见自己的价值。我需要告诉他，他让我的什么需求得到了怎样的满足，他的贡献具有怎样的意义。

"涵涵，"我边回想，边一个字一个字地慢慢说，"你知道吗？你帮我搜索了资料，翻译了英语文章，大大节省了妈妈的时间。这些丰富的资料，打开了我的视野，扩宽了我的思路，就像你上次发给我的米勒的名言，'在生命的旅途中，我们其实都在创作故事'。我好有感觉，因为他说出了我想说出的话……"

听到我的话语，涵涵得意地笑了。我能够确定的是，这个时候，涵涵又往自己的存钱罐里，放下了一枚亮闪闪的金币。

一句"太棒了"是如此的轻描淡写、蜻蜓点水，但是在这背后，还有那么那么丰富的内涵，那么珍贵的体验，等待我去表达。

所以，请记得，我们给孩子反馈什么，什么就可能成为孩子生命中的实在。告诉孩子他付出的每一个点滴的价值，让他享受每一刻创造和付出的快乐。让他的幸福感和能量感一点一点地累积。在面对重大问题时，只有心中有足够的底气，才会敢于承担有可能的失败，以及它带来的考验。

☆ **练习20：　我欣赏我自己，因为我可以……**

我们用一个家庭的小活动，来一起给彼此的存钱罐里，装上满满的关于"自信"的金币。

材料如下。

① 将一张纸对折裁开，一人一半。

② 彩色笔十二支。

③ 双面胶。

时间：30分钟。

参加人员：父母和孩子。两人以上。

步骤如下。

- 第一步：请和孩子同时在纸的中心画上自己。可以是头像，可以是全身，也可以是任何可以代表自己的图形。

请在这幅图的周围用各种颜色写上"我欣赏我自己，因为……"也可以用图案表示。例如：

我欣赏我自己，因为我做的鱼香肉丝特别美味，每次都被吃光。

我欣赏我自己，因为我一下班就跑得飞快，尽量按时到校接孩子。

我欣赏我自己，因为我难过了就会大声哭泣，哭完了继续干活！

…………

同时，也邀请孩子，写上或者画上他欣赏自己的原因。

- 第二步：第20分钟的时候，请交换，请互相补充欣赏的原因。例如：

宝贝，妈妈欣赏你，因为今天闹钟一响，你就跳了起来。

同时，也邀请孩子，写上他欣赏爸爸妈妈的原因。

- 第三步：最后5分钟，请每个人大声将自己头像上的内容读给所有人听。

- 第四步：活动结束后，请将画纸挂在自己最容易看到的位置，比如卧室墙上，或者书房墙上。

当我们每天遇到挑战，堕入情绪的低谷的时候，当自己的能力值降低的时候，让我们看看这张画纸，它将提醒我们，我们心里的那个存钱罐，有好多的金币。

第3节

同行，
彰显生命内在的荣光

> 你不只是大海中的一滴水珠。人们正是
> 透过这滴水珠，发现了整个海洋。
>
> ——鲁米

1 让孩子学会奉献，而不是完成任务

在火车车厢里，一位母亲带着2岁的儿子和七八岁的女儿赶回老家探亲。火车晃晃悠悠，忽然，一个急刹车，小儿子不小心将牛奶倒在了走道里。

母亲感到有些窘迫，但是抱着儿子，腾不出手来，她拉过女儿递上纸巾，莞尔一笑，轻轻地说："乖宝贝，快弄干净，好吗？不然叔叔阿姨会有意见的哦。"小姑娘赶紧蹲下，连忙擦拭着地板，时不时用余光偷偷地瞄着身边的大人们。此举感

动了在座的很多旅客，连声夸赞小姑娘懂事能干。

或许我们会认同妈妈的沟通方式，她轻轻的一声低语，就能让孩子按照她的指令去做。但是，非常遗憾的是，当妈妈说出"叔叔阿姨会有意见"的时候，她发起要求的动机是对惩罚的恐惧，孩子抱持着规避责备的慌张心态来完成任务，而并没有感受到善意、奉献带来的快乐。

反之，如果我们对孩子说："宝贝，妈妈很想打扫，但是，我腾不出手来，你可以帮帮我，让地板像刚才那样干干净净吗？"

奉献，是每个人的天性。但这个天性，通常在善意的环境里才能够自然流露。带着被邀请的喜悦，带着奉献的自豪，孩子或许就开始规划，我从哪里开始擦起？是用纸巾还是用抹布？擦过后脚又踩脏了怎么办？我可以想点儿什么办法呢？她在思考中、劳动中享受有意义的工作带来的乐趣，以及给他人带来快乐幸福的成就感。

我们期待孩子拥有的解决问题的能力，抵抗挫折的能力，也在这样的热气腾腾、奉献的劲头里顺势而成。

　　但是我们时常把随手可得的奉献的机会，扭曲成任务和工作分派给孩子。长此以往，孩子会拒绝承担责任和义务。

　　梓源是家里最小的孩子，但是他已经12岁，而且比妈妈还高，所以每次出远门，都由梓源拿最重的行李。但是很奇怪的是，帮妈妈拿，他就兴高采烈，但是帮姐姐拿，就满心不愿。这是为什么呢？

　　这次出门，妈妈注意观察。当梓源主动帮姐姐拿行李时，姐姐是这样对梓源说的："就该你拿，你是男生。"姐姐比梓源高半个头，居高临下地看着梓源。梓源气得扔下行李就跑到一边去了。

　　原来，梓源带着主动奉献和服务的心态来帮忙的举动，却让姐姐的言语扭曲成理所当然的任务，这让梓源满心欢喜的奉献像被蒙上了灰暗的尘埃，让梓源的骄傲和自豪变成了委屈和服从。

　　那如何在生活中，处处提供给孩子奉献的机会呢？可运用善意、选择、感谢三个步骤，让孩子由衷付出，自主选择，与他人发展出有意义、有友爱的关系。梓源妈妈是这样和孩子商量旅游事宜的：

　　<u>善意</u>：梓源妈妈思考，我是带着怎样的初衷让孩子来做呢？是希望梓源在旅游中展现自我的价值，感受到奉献的快乐吗？

　　<u>选择</u>：怎样的事情适合梓源做，适合12岁的男孩子的耐性和能力呢？梓源妈妈、爸爸和孩子们一起头脑风暴，将旅游中的事项都列出来，并先由梓源和姐姐选择他们愿意做的部分。梓源选择了提最大的箱子、问路，以及安排每个地点的停留时间。

　　<u>感谢</u>：当每个人完成自己的部分时，其他家庭成员表达欣赏和感谢。这次出游中，当梓源提箱子累得气喘吁吁的时候，姐姐也主动地帮忙，即使她"嘴硬"（爸爸的打趣），但还是用行动表达了内心的感谢。

　　在生活中，充满了奉献的机会，比如让孩子提菜篮、按电梯，一起做早餐、做清洁。但我们要注意的是，我们发出的是邀请，而不是指使；是请求，而不是要求。

　　那些暗含威胁或者诱惑的要求和指使，会让孩子感到晦暗压抑，就像黑色暗流裹挟着焦虑、紧张，冲击着孩子的生命力和主动性。如果孩子做出的任何事都是出于恐惧，害怕不做受威胁，害怕做不好受惩罚，害怕自己不够好，那么这个"害怕"将成为他对自己的生命状态的预言，这个"不够好"就慢慢变成了他对自己人格的定义。

我们需要激发孩子的，是由衷付出的奉献，而不是惧怕后果的敷衍，带着送人玫瑰，手有余香的善意和美好，真诚奉献，并在这个过程中收获喜悦和幸福，收获对自己的欣赏和满足。

② 无论成败，庆祝生活的每个点滴

我们的每一天都在创造新奇和美好，每一天都值得记录与珍惜。孩子会遇到挫败，但是挫败也是庆祝的契机。

还记得无人机的故事吗？虽然我们付出了最大的努力，但是，最终我们还是没有找到无人机。孩子们沮丧地掉眼泪，待他们情绪平复之后，我邀请他们大吃了一餐肯德基，庆祝这一天中，我们创造出的闪亮点滴：

我们没有追悔、推诿责任，而是马上想到目标，以及如何达成目标的方案。

- ✓ 我们再一次证明了我们有解决问题的能力。
- ✓ 我们总结了很多方法来避免丢失。
- ✓ 出门前，充分考虑是否有携带的必要。

✓ 责任到人，出门前指定一个人拿固定物品，非特殊情况不易手。

✓ 重要物品用绳子拴在手上。

当我们讨论完今天的收获，两个孩子兴奋得眼里闪闪发光，原来，每一个挫折都是能力的挖掘机。涵涵含着一口的汉堡，嘟嘟囔囔地对我说："妈妈，我和姐姐就是两个篮球，跌落更低，反弹更高。"

是啊，在每一天的经历里，都有着无数值得欣喜的契机，过生日、过节日，也可以是家里的绿植吐芽了，新书到了，天气晴了，小猫睁开眼睛了。同时，或许还有大大小小的跌落，都让我们带着孩子一起来庆祝吧。庆祝手机掉了让我们长了教训，庆祝电梯停电，让我们大热天爬楼梯挑战极限，让我们在生活中处处制造乐观与惊喜。

我们的一生都在与周围的人与事物发生碰撞，而这种关系的品质就决定了我们生活的品质，那我们为什么不让我们的关系，变得像清晨含着露珠的玫瑰那样美好呢？让孩子们充分浸润在这样生活之中，热切地给予每件事情以积极意义，创造出一个更加生机勃勃、饱满鲜活的世界。

3 **"感谢"，让幸福在每个人的生命中传递**

美国喜剧演员本·斯坦曾告诉我们内心富有的秘诀：

"我无法用几分钟时间告诉你如何变得富有，但我却能告诉你如何感觉内心富有。真诚感恩，这绝对是完全可靠的迅速致富之道。"

去年三月春假，我带着孩子们到马达加斯加旅游，中途给车加油的时候，遇到两个衣着褴褛的小姑娘。她们大约八岁，棕色的皮肤，卷卷的头发，站在窗外，伸出手，喃喃地说："Madame, s'il vous plaît."（太太，请给我一点儿吃的）。

涵涵和童童立马掏出包里所有的干粮，我对他们说："涵涵，你离窗子近，你给小朋友吧。"

"不要。"童童一把抓过弟弟手中的干粮，连同自己的，装到一个布袋里。她打开车门，走到小姑娘面前，握了握她们的手："Bonjour!"（你好！）

小姑娘有点儿惊讶。接着，童童蹲了下来，微笑着对两个小姑娘说："Voila, Ce sont des biscuits et des gâteaux, Vous pourriez prendre ce que vous voulez."（这里有些饼干和蛋

糕，你们可以选择你们喜欢的。）

两个小姑娘不再像刚才那样紧张和惊讶，她们放松地笑了，流露出她们这个年纪的天真和调皮。

"Je prends tout."（我要全部。）稍微年长的小姑娘一只手一把抓过袋子，另一只手牵着小一点儿的同伴，飞奔而去。跑了几步，她们忽然停了下来，转过身，大声地喊道，"Merci, tu es gentille!"（谢谢你，你是个好人。）

"De rien, Bonne Journée!"（谢谢，祝你们快乐！）童童回应道。

童童兴高采烈地上了车，司机有些着急地说："从窗子那里递出去就好了呀，干吗这么麻烦，折腾这么久？"

"叔叔，如果我抛给她们，她们会觉得自己很小，很可怜。我要尊重她们。中文里面有句话，叫什么？嗟来之食，对，就是这个词。如果没有尊重，就算她们肚子吃饱了，内心也是饿的呀。你看，她们拿到礼物后，多开心，多满足啊！"

我和涵涵都冲童童比起了大拇指。童童依旧兴奋着，脸上洋溢着幸福的光彩。

此刻，我分明看见，来自两个小姑娘的那声轻轻的感谢，好像能够让童童的身体里生出一股劲儿，那股劲儿在悄悄地说：即使力量弱小，我也能帮助他人，我也可以让他人感受到被尊重、被支持的快乐。

我们的孩子，因为年龄幼小，在家里往往体会不到自己的力量和价值。而表达感谢，就恰好为孩子们创造了最佳的反馈机制，这也是在他们的存钱罐里放入了一笔大大的资金。

让我们在孩子每一次付出之后真诚地说出感谢，通过观察、感受、需求，一步步把自己的内心敞开，用四个步骤来完成这样的表达：

小王子的爸爸一回家，就累倒在沙发上，不想起来。天气好闷，爸爸摸了摸旁边，没有遥控板，沮丧地叹了口气。这个时候，五岁的小王子走了过来，帮爸爸开了空调。

爸爸乐了，他用了四个步骤，来表达他的感谢。

观察

儿子，我一坐下你就帮我打开了空调，没找到遥控板，你还踮着脚按了开关键。

感受

哇，顿时凉爽了，风真有劲，好舒坦啊！

需要

你爹我好像没那么累了，还可以眯一会儿。

感谢

谢谢，我的儿子！

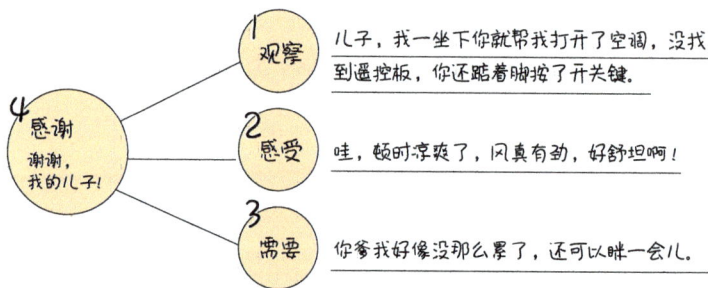

小王子听爸爸说了一大堆，或许没全懂，但是他呵呵地笑了，笑得那么灿烂。

"感谢"非常神奇，它是呼唤荣光和力量的神秘语言。当孩子接受到来自他人的感谢时，他会感觉到内心饱满，仿佛有一轮太阳穿过胸膛，蓬勃而出，那就是他不曾发现的来自内在的荣光和力量。它饱含着爱、热情与祝福。在这个荣光里，孩子们可以创造快乐、幸福与希望。

☆ 练习21：我们就是彼此最珍贵的礼物

记得美国作家唐纳德·沃尔什说："如果不能成为别人生命中的礼物，就请不要走入别人的生活。"

多么希望，我们和我们的孩子一想到对方，都会乐得笑出声，都会庆幸，我们是上天送给彼此的礼物。

如果，有一个方式可以让我们每天有机会，把这样的幸福、感激传递给彼此，我相信，我们的家庭，我们的亲子关系，将变成我们身体里最温暖的原动力。

这就是最后一个练习——喜悦卡的使命。

我们可以在家里准备一个礼物盒，自制喜悦卡，它可以用来表达庆祝，也可以用来表达幸运和感谢。它可以是你和孩子一起来制作，画上图案，加上贴纸，涂上颜色的创意作品。最重要是在小纸条上画上三个提醒：

- 一双眼睛，提醒我们把经过仔细描述出来；

- 一颗心，提醒我们真诚地表达此刻的感受；

- 一个礼物，提醒我们，这件事情，对我们有了这样的意义和价值。

吐司爸爸、吐司妈妈和孩子是这样互赠喜悦卡的。

睡觉前，吐司爸爸、吐司妈妈和小吐司每人拿出了一张喜悦卡，吐司爸爸说：

"小吐司，谢谢你。

"（一双眼睛）今天爸爸打电话时，你想对爸爸说话，我指指电话后，你就一下子捂住了嘴巴，然后坐在旁边写作业，没有说话。

"（一颗心）爸爸本来还有点儿慌哦，但一看见你的举动，心里一下子就放松了。

"（一个礼物）你看，你让我把重要的话都说完了，而且思路很集中，和电话那头的叔叔也达成了协议，爸的心终于放在了肚子里。"

小吐司听完，得意地说："爸爸，我干得不错吧。"爸爸开心地刮刮小吐司的鼻子，说："那是，有了你，老爸如虎添翼！"

接着，吐司妈妈把喜悦卡递到吐司爸爸的手心里：

"（一双眼睛）今天，你的助手和我说，你上个月拜访了十多位投资人，见他们之前，你几乎把每一句话都练熟了。

"（一颗心）我听了，有点儿想哭。我能想象到你当时的紧张。

"（一个礼物）老公，你从来没有提起过工作上的事。我们都说妈妈不易，其实爸爸也同样不容易。老公，有你，我和小吐司很幸运。"

爸爸的眼睛有点儿湿润，但是"不懂事"的小吐司跳了起来："轮到我啦，轮到我啦，爸爸，我也有喜悦卡送给你！"

"（一双眼睛）爸爸，你今天很乖，打完电话陪我办家家，你还派王子去打大灰狼，

"（一颗心）笑死我了。

"（一个礼物）谢谢你，亲一个。"

小吐司虽然还不会完整地运用三个要点来表达，但是一步步，潜移默化，每天沐浴在感谢的美好和庆祝的喜悦里，会越来越感知到她对于家，对于他人的意义。

我们可以让我们的家人，我们的孩子，把每天、每个幸福的点滴留存在心里，有了幸福的后盾，我们就对自己、对未来，有了大大的底气。

结语

我们和我们的孩子们，在庆祝中，在感谢中，共勉同行。

在成功时，我们欢笑共庆；在挫折时，我们互相疗愈；在危难时，我们互相支持，我们内心善良，我们拥有力量，我们坚守信仰。我们是这一切，这一切即是我们。

我爱这样的生活，我爱这样的沟通方式。和孩子们一起，让情感和情感交流，让生命与生命相依。我们的生活可以很平凡，可以很普通，但我们依旧是生活的赢家，因为我们可以闪耀着生命的灵动与慈悲，在一次次挫折中崛起。

愿我们和我们的孩子们，可以轻盈喜乐地书写我们自己的生命奇迹。